Michaela Wiebusch
mit Rita Erz

IM DORF DER SCHMETTERLINGE

Vom Aufbruch in mein bestes Leben

Eine Erzählung

Mit Illustrationen
von Gisela Goppel

dtv

MIX
Papier aus verantwortungsvollen Quellen
FSC® C084279
www.fsc.org

6. Auflage 2023

Umschlaggestaltung: buxdesign | Ruth Botzenhardt
Umschlagillustration und Innenillustrationen: Gisela Goppel
Layout: Nadine Clemens, München
Satz: Uhl + Massopust GmbH, Aalen
Gesetzt aus der Franziska Pro
Druck und Bindung: Print Consult GmbH, Berlin
Printed in Slovakia · ISBN 978-3-423-35165-2

INHALT

Für Matti und meine Eltern
Für Maximilian

VORWORT

Es gibt Zeiten im Leben, da hat man das Gefühl, nicht mehr weiterzuwissen. Manchmal öffnet sich dann ganz unerwartet eine Tür in unserem Inneren. Hat man den Mut, die vertrauten Pfade zu verlassen, entdeckt man dahinter nicht nur einen Ausweg, sondern eine vollkommen neue, wundervolle Welt. Jeder Mensch trägt eine solche Welt in sich, und ich glaube inzwischen, sie ist das eigentliche Abenteuer unseres Lebens.

Eines Nachts machte ich mich auf die Reise. Ich betrat diese neue Welt völlig unerwartet und in einer Phase meines Lebens, in der ich keine Ruhe und keinen Schlaf mehr finden konnte. In dieser Zeit war ich äußerst dünnhäutig und litt unter großen Ängsten, die ich vorher in dieser Form nicht gekannt hatte und die mir meine ganze Kraft und Energie raubten.

Der Zustand, in dem ich mich damals befand, machte es mir beinahe unmöglich, in meinem Alltag so zu funktionieren, wie ich es gewohnt war, geschweige denn, das Leben zu leben, das ich mir einmal gewünscht hatte.

Als ich in der besagten Nacht nach Stunden des Wachliegens endlich erschöpft einschlief, hatte ich einen Traum, der alles veränderte. Er führte mich in ein geheimnisvolles

Dorf, wo ich auf ungeahnte Weise mir selbst begegnete. Das gab mir Orientierung und half mir, mich selbst, mein Leben und die Welt in einem ganz neuen Licht zu sehen. Denn ich verstand: Alles ist eine Sache der Perspektive.

Ich lernte, dass es immer den richtigen Zeitpunkt gibt – das Jetzt oder den Augenblick, in den ich zurückkehren und von dem ausgehend ich meine Zukunft selbst neu gestalten kann. Ich habe es in der Hand.

Aufgrund dieser Erkenntnis war ich meinen Gefühlen und meiner Vergangenheit nicht mehr so ausgeliefert, sondern ich lernte sie kennen und verstehen.

Ich tauschte meine Hilflosigkeit gegen Wissen – ein Wissen, das mir die Möglichkeit und die Kraft gab, über mich selbst und mein Handeln zu entscheiden. Ich hatte plötzlich das *Wie* in der Hand – wie ich aus einer schweren Zeit für mich das Beste herausholen und wie ich sie so für mich zur Chance machen konnte.

Ich war die Schöpferin meines eigenen Lebens geworden.

Noch vor einiger Zeit hätte ich niemandem eine Antwort auf die Frage geben können, worin für mich das Glück besteht oder ob ich überhaupt daran glaube. Vielleicht hatte ich meinen Glauben an das Glück oder an die Liebe zu jener Zeit beinahe schon verloren.

Aber in dieser Nacht konnte ich das Geheimnis lüften. Ich fand für mich eine Antwort auf meine Fragen und dadurch auch den Weg in mein bestes Leben.

DIE NACHT

Ich wachte auf und wusste im ersten Moment nicht, ob ich überhaupt schon geschlafen hatte. Die Stille und die Dunkelheit waren so vollkommen, dass sie mir fast den Atem raubten. Eine Hitzewelle schoss durch meinen Körper, und der Schweiß trat mir auf die Stirn. Ich warf die Bettdecke zurück und hoffte, der laue Sommerwind, der durch das offene Fenster strich, würde mich ein wenig erfrischen. Doch im nächsten Moment fröstelte mich. Rasch zog ich die Decke wieder hoch bis zur Nasenspitze. Seit Wochen ging das nun so. Ich wachte fast immer zur gleichen Zeit auf und fand bis in die frühen Morgenstunden keinen Schlaf mehr.

Manchmal lag ich bis zum Klingeln des Weckers wach und starrte stundenlang an die Decke, während mir die immer gleichen Gedanken durch den Kopf schossen. »Was bringt die Zukunft? Was wird aus Stefan und mir? Was aus Tilda? Hoffentlich passiert unserer Tochter nichts in Kanada. Was wird aus der Menschheit in Anbetracht der vielen Katastrophen? Was ist mit meinem Beruf? Wie lange braucht man mich noch? Bin ich womöglich schon in absehbarer Zeit überflüssig?« Ich fühlte mich so hilf- und schutzlos, so zerbrechlich, wie ich in solchen Momenten auch mein Leben und manchmal gar die ganze Welt empfand. Woran glaubte ich eigentlich? Wer war ich? Mir fiel auf, dass ich mir fremd geworden war, wenn ich mich überhaupt jemals wirklich gekannt hatte. Wo wollte ich mit meinem Leben noch hin?

Als ich nun in jener lauen Sommernacht wach lag, dachte ich an den vergangenen Abend, an den Streit mit Stefan. Es war nicht der erste in den letzten Monaten gewesen, aber der vielleicht heftigste. Meine Dünnhäutigkeit hatte dieses Mal das Fass zum Überlaufen gebracht.

»Du kümmerst dich hier um nichts«, hatte ich Stefan nach einem längeren Wortgefecht vorgeworfen. »Und dir fällt auch nicht auf, was ich hier alles leiste. Weil es dich nämlich nicht interessiert. Ganz zu schweigen davon, dass ich nie auch nur ein Dankeschön von dir dafür bekomme.«

Er reagierte verletzt und einsilbig. »Und was ist mit mir? Mir dankt ja auch keiner.« Danach war er wütend auf sein Rennrad gesprungen und einfach davongerauscht. Er hatte das Radfahren kurz nach dem Fünfzigsten für sich entdeckt, und inzwischen war aus dieser Passion fast so etwas wie eine Manie geworden. In fast jeder freien Minute saß er auf dem Sattel. Bisher hatte er das Rad allerdings noch nie benutzt, um vor mir zu fliehen.

Traurig war ich allein zurückgeblieben und hatte den ganzen Abend weinend verbracht. Früher war er bei solchen Gelegenheiten in seinem Zimmer verschwunden. Er musste in dieser Nacht erst spät nach Hause gekommen sein, denn als ich ins Bett ging, war er noch nicht wieder zurück.

Beunruhigt richtete ich mich auf und tastete nach seinem Körper, um erleichtert festzustellen, dass er neben mir lag. Manche Männer, die nach einem Streit das Haus verlassen haben, sollen ja nie wieder zurückgekommen sein. Traute ich Stefan so etwas wirklich zu? Kannte ich ihn gut genug, um das beurteilen zu können? Kannte man einen Menschen jemals gut genug?

Meine suchende Hand weckte ihn kurz auf.

»Was ist los? Kannst du nicht schlafen?«, nuschelte er und drehte sich, ohne meine Antwort abzuwarten, auf die andere Seite.

Gleich danach hörte ich seine regelmäßigen Atemzüge. Er war eingeschlafen. Aber er war wieder da. Immerhin.

Ich spürte die Erleichterung, aber auch den leisen Ärger darüber, dass er unseren Streit offenbar schon vergessen hatte, denn sonst hätte er sich schließlich nicht einfach umgedreht und selig weitergeschlummert, während ich keine Ruhe fand. Typisch, ich war mal wieder diejenige, die sich alles zu Herzen nahm, während er nur eine Runde mit dem Rad drehen musste, um sich abzureagieren.

Ich fragte mich, wohin er im Dunkeln wohl gefahren war, und dabei durchzuckte mich der Gedanke, dass Stefan ein Verhältnis haben könnte. »Absurd«, dachte ich. Oder war die Idee doch nicht so absurd? Gab es da etwas, das ich nicht wusste? Eine andere, eine jüngere Frau? War seine Leidenschaft für den Radsport nur vorgeschoben, um eine ganz andere, verborgene Leidenschaft zu vertuschen?

Ich spürte Panik in mir aufsteigen, und mein Herz klopfte so laut, dass es meine Angst, schon bald vor den

Trümmern unserer Ehe zu stehen, wie wild befeuerte. Ich ging ins Bad und ließ mir kaltes Wasser übers Gesicht laufen, um mich zu beruhigen. Das Wasser tat gut, der Blick in den Spiegel eher nicht. Die durchwachten Nächte hatten Spuren hinterlassen. Mein Gesicht sah müde und abgeschlafft aus. Die Haut: fahl und glanzlos. Die Lider: schwer und dunkel gerändert.

Ich ließ den Kopf hängen. War meine Ehe am Ende? Hatte Stefan meine ständige Gereiztheit nun endgültig satt? War ich für ihn nur noch eine Belastung? Unentspannt und unattraktiv, am Ende gar unerträglich?

Andererseits traf nicht mich allein die Schuld daran, dass wir in letzter Zeit öfter stritten. Stefan interessierte sich nicht mehr so für mich wie früher. Ständig wich er mir aus. Meine Sorgen und Gedanken wollte er überhaupt nicht hören. Und wenn es um ihn ging, dann hüllte er sich in Schweigen. Er ließ mich an seinem Leben kaum mehr teilhaben. Das, was uns früher einmal verbunden hatte, ein reges Interesse aneinander, aber auch ein stilles Verstehen, war vom Alltag geschluckt worden. Es war, als würden wir nicht mehr in die gleiche Richtung schauen.

An schlechten Tagen dachte ich sogar, er würde mich nicht mehr lieben. Schlimm war, dass ich das an meinen noch schlechteren Tagen sogar irgendwie nachvollziehen konnte. Wenn ich in den Spiegel blickte, dann mochte ich mich selbst auch nicht mehr sonderlich. Ein müdes und abgekämpftes Gesicht schaute mich an. Ich kam mir alt, verbraucht und irgendwie schwer vor.

Reflexhaft griff ich in den Spiegelschrank und kramte

die Schachtel Baldriantabletten hervor, ein leichtes, rein pflanzliches Beruhigungsmittel, das ich seit zwei Monaten immer nahm, wenn ich nicht schlafen konnte - also eigentlich jede Nacht. Allerdings ließ es allmählich in seiner Wirkung nach. Ich musste nun schon mehrere Tabletten auf einmal nehmen, um innerlich ruhiger zu werden.

Ich hielt inne. Wollte ich das wirklich? Immer mehr davon nehmen, bis ich schließlich zu den harten Schlafmitteln greifen musste? War das die Lösung? Gab es überhaupt eine Lösung?

Ich fühlte mich von Stefan ungeliebt und unverstanden. Wir waren hilflos, sprachlos, und ich wusste nicht einmal, warum oder seit wann das so war. Wir lebten nur noch nebeneinander her, jeder für sich, zwei einsame Inseln. Und wir waren nicht in der Lage, an unsere glücklichen Zeiten anzuknüpfen. So hatte ich mir mein Leben nicht vorgestellt.

Ich setzte mich auf den Toilettendeckel, lehnte die Stirn an das kühle Waschbecken und atmete tief ein und aus, als könnte ich meine Gedanken wegpusten. Bisher hatte ich eine Ehekrise immer für etwas gehalten, das andere betraf, aber nicht mich selbst. Wieder kamen mir die Tränen. Die Tabletten hielt ich immer noch in meiner verschwitzten Hand.

Mit dem Auszug von Tilda war es zwischen mir und Stefan schwieriger geworden. Das war vor etwas mehr als zwei Jahren gewesen, als unsere Tochter zum Studieren nach Kanada gegangen war. Ausgerechnet Kanada. Es war klar, dass wir sie fortan nur noch einmal im Jahr zu sehen bekommen würden, wenn überhaupt. Ich hatte mich in die Arbeit gestürzt, um das Loch zu stopfen, das in meinem Leben entstanden war. Es kam mir vor wie gestern, dass ich mit meinem Kind im Sandkasten gespielt hatte. Fast zwanzig Jahre lang stand Tilda im Mittelpunkt unseres Lebens. Wir lachten mit ihr, wenn sie sich freute, wir litten mit ihr, wenn es ihr nicht gut ging. Mit ihr und durch sie sahen wir die Welt mit anderen Augen. Wir fühlten uns ebenso jung und lebendig wie unser Kind. Wir waren ein glückliches Kleeblatt.

Dann war das alles plötzlich vorbei. Wir waren raus. Ich war raus. Als Tilda ins Flugzeug gestiegen war, hatte sich in mir ein Gefühl der Einsamkeit und Leere ausgebreitet. Aber ich wollte es nicht zulassen, wollte bloß nicht darüber nachdenken, was da mit mir passierte. Also nahm ich mir Arbeit mit nach Hause und stand selbst an Wochenenden für Fortbildungen zur Verfügung. Hauptsache Ablenkung. Eine erstaunlich lange Zeit gelang es mir auch, mich abzulenken. Bis zu dem Tag, ab dem ich nicht mehr richtig schlafen konnte.

Als ich nun im Bad saß und über all das nachdachte, fasste ich einen spontanen Entschluss. Ich warf die Tabletten ins Waschbecken und drehte das Wasser auf, bis die kleinen Pillen im Abfluss verschwanden. Schluss damit! So konnte es nicht weitergehen. Aber was war die Alternative? Wach bleiben?

Der Rat meiner Freundin Sonja kam mir in den Sinn. Sie schwor darauf, bei Schlaflosigkeit ein Glas lauwarme Milch zu trinken.

Babys würden danach ja auch immer selig schlummern, meinte sie.

Ich bereitete mir etwas lauwarme Milch zu, setzte mich damit an den Küchentisch und dachte mit Sorge an den bevorstehenden Tag. Ich arbeitete in der Presseabteilung eines großen Medienunternehmens, und mein Chef war der Meinung, dass die Außenwirkung der kompletten Abteilung vom Auftreten jedes einzelnen Mitarbeiters abhing. Mit meinen verschwollenen Augen und meinem verheulten Gesicht würde ich kein besonders gutes Aushängeschild sein. An einem Tag wie diesem versuchte ich möglichst nicht aufzufallen. Dennoch war ich mir nicht sicher, ob mein Chef nicht schon längst gemerkt hatte, dass ich seit einigen Monaten oft gestresst und gedanklich abwesend war. Dabei gab ich mich kompetent, interessiert und maximal engagiert. In Wirklichkeit aber war ich so dünnhäutig, dass ich am liebsten bei jeder Kleinigkeit in Tränen ausgebrochen wäre. Und sosehr ich mich innerlich auch dagegen sträubte, mir auf die Lippen biss und die Fäuste ballte, ich konnte diese Gefühle nicht stoppen.

Dann war diese junge Kollegin ins Team gekommen, um mich zu unterstützen – und da wusste ich es. Mein Chef war nicht nur unzufrieden mit mir, er hielt mich sogar für verzichtbar. Im Gegensatz zu mir war die neue Kollegin jung, kreativ, nervenstark, attraktiv und schnell. Dazu noch rasend nett und sehr sympathisch. Kurz gesagt: ein Albtraum – mein Albtraum.

Besonders mir gegenüber zeigte sie sich hilfsbereit und verständnisvoll. Sie ermunterte mich, zu Hause zu bleiben oder früher das Büro zu verlassen, und sorgte trotzdem dafür, dass alle Arbeiten erledigt wurden. Mein Chef war nicht nur hochzufrieden mit ihr, er liebte sie geradezu. Ich hingegen machte mir Vorwürfe, dass ich meine Verfassung offenbar nicht gut genug verbergen konnte.

Ich verschluckte mich fast an meiner warmen Milch, denn wieder schoss mir ein ungeheuerlicher Gedanke durch den Kopf. Was, wenn sie eine Affäre mit ihm hatte und beide nur daran arbeiteten, mich loszuwerden?

War ihre Fürsorge nur ein fauler Trick? Stand ich kurz davor, Opfer eines abgekarteten Spiels zu werden? Wie hatte ich nur so naiv sein können?

»Toll«, dachte ich. »Erst betrügt mich mein Mann, dann mein Chef.«

Offensichtlich hatte sich die ganze Welt gegen mich verschworen. Was sollte denn nur aus mir werden, geschieden und arbeitslos, wie ich es bald sein würde? Wie sollte ich je einen neuen Job finden, so alt, labil und naiv, wie ich war?

Ich spürte, wie die Angst mir die Kehle zuschnürte. Meine Ehe, mein Job, die Sorge um meine Tochter – und es gab ja noch so unendlich viele Dinge mehr, um die man sich Sorgen machen musste: die Digitalisierung, Pandemien, der Klimawandel, der zu Flüchtlingsströmen führte …

Ich benötigte eine Ablenkung, um meiner Gedankenspirale ein Ende zu setzen. Suchend sah ich mich in meiner Wohnküche um. Ich brauchte etwas, das mich auf andere Gedanken bringen würde. Mein Blick blieb bei den Fotos auf der Kommode hängen. Ich ging hinüber und betrachtete die Motive. Eines zeigte mich hochschwanger mit Tilda, ein anderes mit meiner Mutter Gertrud, und auf einem weiteren war ich gemeinsam mit meiner Großmutter zu sehen. Oma Pepe, wie ich sie immer nannte, stand mir sehr nahe. Ich hatte einen großen Teil meiner Kindheit bei ihr auf dem Land verbracht. Meine Eltern waren zu dieser Zeit beruflich sehr eingespannt und oft auf Reisen. Aber Oma Pepe war immer für mich da. Sie gab mir die Geborgenheit, die ich brauchte. Zu meiner Mutter hatte ich ein eher distanziertes Verhältnis. Sie war keine warmherzige oder umsorgende Frau und Mutter. Vielleicht lag das an ihrer eigenen Kindheit. Durch Oma Pepe verstand ich, dass Mutter einfach nicht anders konnte. Sie hatte schon immer viel gearbeitet und verlangte auch von mir Hochleistungen in der Schule. Später hatte ich dann versucht, für Tilda das zu sein, was Großmutter für mich gewesen war - mein Fels in der Brandung.

Tilda. Wie spät war es gerade in Kanada? Sechs Stunden Zeitverschiebung. Bei ihr war also früher Abend. Ich griff zum Handy. »Vielleicht geht sie ja dran«, dachte ich und wählte ihre Nummer. Es läutete kurz, und schon hörte ich ihre besorgte Stimme.

»Mama!«, rief sie. »Was ist passiert?«

»Nichts, ich wollte einfach nur kurz deine Stimme hören und fragen, wie es dir geht«, beruhigte ich sie. Ich hatte nicht daran gedacht, dass mein nächtlicher Anruf sie in helle Aufregung versetzen könnte.

»Aber wieso schläfst du nicht, es ist bei euch doch mitten in der Nacht?«

Ich blieb ihr die Antwort schuldig. »Alles gut bei dir?«, fragte ich sie stattdessen. »Wie läuft das Studium? Macht es dir Spaß?«

»Ja, alles großartig!«, erwiderte sie hastig. »Du, Mami, können wir ein anderes Mal telefonieren? Ich bin verabredet und muss jetzt los.«

»Ja, natürlich. Pass auf dich auf, mein Schatz.«

»Ja, mach ich. Hab dich lieb. Grüß Paps von mir.« Sie gab mir einen Kuss durchs Telefon und legte auf.

»Das war kurz«, dachte ich. Was hatte ich denn erwartet? Schließlich wollte ich nur ihre Stimme hören. Immerhin wusste ich nun, dass es ihr gut ging.

Ich sank aufs Sofa und blickte aus dem Fenster in die Morgendämmerung. In unendlich vielen Variationen zogen die Wolken über unser Haus hinweg. Ein friedlicher Anblick.

Als Kind hatte ich mir manchmal vorgestellt, dass ich mich auf eine Wolke legen und mit ihr davonfliegen würde, weich gebettet und sanft vom Wind gestreichelt. Bei dem Gedanken daran hatte ich mich damals unendlich frei gefühlt – ein bisschen so erging es mir in diesem Moment wieder.

Seltsam, wie lange hatte ich mich schon nicht mehr an dieses Bild erinnert? In mir breitete sich eine unbändige Sehnsucht aus. Ich hätte dieses Gefühl aus Kindertagen nur zu gern festgehalten, aber es war flüchtig und löste sich genauso rasch auf wie die Wolkengebilde am Himmel.

Die Sommerluft lockte mich in den frühmorgendlichen Garten. Ich schlenderte müde über den Rasen zu der

kleinen verwinkelten Baumgruppe am Ende des Grundstücks. Zwischen den Bäumen hing eine bunte Hängematte, ein Relikt aus längst vergangenen Tagen. Früher hatte ich oft darin gelegen und mit Tilda auf dem Bauch einen Mittagsschlaf gehalten. Ich hatte das bis zu diesem Augenblick komplett vergessen. Die Witterung hatte dem Stoff anscheinend nicht allzu sehr zugesetzt. Er sah zwar etwas ausgebleicht aus, war insgesamt aber noch gut in Schuss. Ich fühlte mich zu matt, um zum Haus zurückzukehren, also legte ich mich in die Hängematte und blickte in die Baumkronen hinauf. Einen Moment lang fühlte ich mich geborgen wie ein Kind in der Wiege. Mit diesem Gedanken und einem sehr angenehmen Gefühl versank ich, vom Wind leicht hin- und hergeschaukelt, in einen tiefen Schlaf.

DER AUFBRUCH

Ich erwachte an einem Bach, umgeben von mächtigen Bäumen, deren Zweige bis hinunter zum Wasser reichten und in einem satten Grün leuchteten. Wo befand ich mich?

Niemand war zu sehen. Nur dichter Wald, wohin ich auch schaute. Der Boden schien stellenweise sumpfig zu sein. Bis auf das leise Plätschern des Wassers war kein Geräusch zu hören. Es lag eine gespenstische, Ehrfurcht gebietende Stille über allem. Mir war so, als würde der Wald jeden Laut verschlucken.

Um mich zu erfrischen, tauchte ich meine Hände ins kühle Nass des kleinen Baches und ließ etwas Wasser über mein Gesicht laufen. Dabei wusch ich mir den Schweiß ab und kühlte meine geröteten Augen, in der Hoffnung, mich danach besser orientieren zu können.

Ich sah mich Hilfe suchend um. Doch wohin ich mich auch wandte, es gab nur dichte Bäume und dorniges Gestrüpp. Da war kein Trampelpfad oder gar ein befestigter Weg, der mir hätte Hoffnung geben können, dass ich schon bald einen Ausweg finden würde.

Mein Blick wanderte zurück zu dem kleinen Bachlauf. »Beneidenswert«, dachte ich. Er umfloss mit einer Leichtigkeit jeden Stein und jedes Gehölz, verlor sich hier und da launig in einem Strudel, um dann einen neuen, ganz anderen Weg einzuschlagen. Durch nichts ließ er sich aufhalten. Scheinbar mühelos und spielerisch fand er immer wieder einen Pfad um jedes Hindernis herum.

Es schien mir plötzlich eine gute Idee, ihm zu folgen. Er würde mich mit etwas Glück schon irgendwohin führen. Also machte ich mich beherzt auf den Weg.

Nach einiger Zeit schmerzten meine Füße. Ich zog die Schuhe aus und sah, dass ich mir eine Blase gelaufen hatte. So lief ich barfuß weiter, mal schlenderte ich durchs Wasser, mal lief ich am Ufer entlang.

Wie lange hatte ich so etwas schon nicht mehr gemacht? Barfuß durch einen Bachlauf waten. Verrückt. Es war ein Teil meines Lebens, den ich verloren hatte. Ich genoss es, dem Bach zu folgen, obwohl ich mir für dieses kleine Abenteuer erfreulichere Umstände gewünscht hätte.

Irgendwann setzte ich mich ans Ufer, um ein wenig auszuruhen und meine schmerzenden Füße zu massieren. Dabei lehnte ich mich gegen den Stamm einer Trauerweide, deren Blätterdach mir ein Gefühl der Sicherheit verlieh. Der Baum schenkte mir tatsächlich für den Moment eine gewisse Geborgenheit.

Ich blickte nachdenklich aufs Wasser. Was sollte ich nur tun? Ich musste zusehen, dass ich vor Einbruch der Dunkelheit aus diesem wunderschönen, aber bei Nacht sicherlich unheimlichen Wald hinausfand.

Ich fragte mich, in welche Himmelsrichtung der Bachlauf mich führte, und spähte hinauf zur Sonne. Aber die Bäume waren so hoch und dicht, dass ich ihre Position und damit die Himmelsrichtungen nicht bestimmen konnte.

Eigentlich war ich nicht unerfahren mit Waldexpeditionen. Wir hatten als junge Familie viel Zeit im Wald verbracht, um gemeinsam die Schönheit der Natur zu entdecken. Wir hatten uns damals einfach auf den Weg gemacht, waren einem Bach oder Flusslauf gefolgt, ohne zu wissen, wo er uns genau hinführen würde. Solche Abenteuer, mit dem Aufbruch ins Ungewisse, waren auch eine Flucht aus dem Alltag und für uns alle das reinste Vergnügen gewesen. Solche Tage hatten uns mit wahrem Glück erfüllt. Wir schliefen in Zelten oder unter freiem Himmel, wuschen uns im Fluss und aßen das, was wir an überschaubarem Proviant eingepackt hatten. Es war wie im Paradies gewesen, denn die Zeit schien stillzustehen.

Plötzlich sah ich meine kleine Tilda vor mir, glücklich spielend an einem Bach wie diesem. Selbstvergessen baute sie kleine Staudämme und schickte Schiffchen aus Baumrinde mit Blättern als Segel auf die Reise.

Ein Knacken in unmittelbarer Nähe ließ mich aus meinen Erinnerungen aufschrecken, und ein Gefühl der Panik stieg in mir auf. Was war das für ein Geräusch? Gab es hier Wildschweine? Oder gar Wölfe?

Ich zog mir schnell die Schuhe wieder an und stand auf. Ich musste weiter, durfte keine Zeit mehr verlieren, denn ich war jetzt in einer ganz anderen Situation, und die konnte ich nicht einschätzen. Damals waren wir entsprechend ausgerüstet gewesen, weil es sich quasi um eine geplante Flucht ins Unbekannte gehandelt hatte. Wir wussten grob, wo wir uns befanden, und waren auf alles vorbereitet. Nun aber waren die Voraussetzungen nicht vergleichbar. Ich war in einem paradiesischen Niemandsland gelandet, vollkommen orientierungslos, ohne Proviant und ohne eine Idee, wie ich dort wieder hinausfinden konnte.

Ich folgte wieder dem Bachlauf. Diesmal mit schnelleren Schritten. Der Wald wurde dichter, der Boden sumpfiger. Nebelschwaden hingen zwischen den Bäumen. Teilweise sank ich bis zu den Knöcheln ein, und es kostete mich viel Kraft, vorwärtszukommen.

Schließlich gelangte ich an eine hölzerne Brücke, deren Latten vereinzelt herausgebrochen waren und teilweise im Wasser hingen. Stromabwärts weitete sich der Bach zu einem Fluss, und das Ufer war so sumpfig und stark bewachsen, dass es für mich unmöglich war, mich dort durchzuschlagen. Also entschied ich mich, die Brücke zu überqueren.

Die wenigen noch vorhandenen Holzbohlen knarrten unter meinen Füßen. Ich befürchtete, sie könnten mich nicht tragen, aber ich hatte Glück, und die kleine Brücke brachte mich wohlbehalten ans andere Ufer.

Dort entdeckte ich zu meiner großen Freude einen ausgetretenen Pfad, der mich hoffentlich wieder in die Zivilisation zurückbringen würde. Meine Schuhe trieften vor Nässe, und meine Hosenbeine waren bis zu den Knien ebenfalls pitschnass. Überdies schmerzten meine Füße immer mehr.

In der Ferne, scheinbar am Ende des Weges, entdeckte ich plötzlich zwei Schilder. Ich lief, so schnell ich konnte, dorthin, in der Hoffnung, nun einen konkreten Hinweis zu bekommen.

Die zwei alten Holzschilder zeigten in entgegengesetzte Richtungen, nach rechts und nach links. Neugierig entzifferte ich, was auf der linken Seite eingeritzt war: »Rückweg«.

Verwundert schaute ich zum anderen Schild. Die Schrift war sehr viel besser zu erkennen. Dort stand: »Mein bestes Leben«.

Ich zog die Stirn kraus. Hatte ich richtig gelesen? Oder träumte ich? Ich rieb mir die Augen und las die Schilder erneut. Dabei stellte ich fest, dass sich nichts verändert hatte. Auf den merkwürdigen Wegweisern befanden sich immer noch keine realen Ortsnamen mit den dazugehörigen Kilometerangaben. Sie stellten mich weiterhin nur vor die Wahl, den Weg in mein bestes Leben zu wählen oder einfach den Rückweg anzutreten.

»Sehr seltsam«, dachte ich. »Was bedeutet ›Rückweg‹? Rückweg wohin? Was ist gemeint mit dem ›besten Leben‹? Ein Hotel? Ein Strand?« Ich spähte in beide Richtungen.

Der Rückweg sah einladend aus. Zwar war er mit hohem Gras, Fingerhut und anderen Wiesen- und Waldblumen bewachsen. Es schien aber so, als wäre er bequem zu bewältigen. Außerdem vermutete ich, dass er mich nicht noch tiefer in den Wald führen würde. Er würde mich mit etwas Glück dorthin zurückbringen, wo ich hergekommen war.

Der andere Weg mit dem Ziel »Mein bestes Leben« war vollkommen mit dichten Himbeer- und Brombeersträuchern, Brennnesseln und Schlingpflanzen zugewachsen. Es war nahezu unvorstellbar, mir einen Weg durch dieses Gestrüpp zu bahnen. Ich würde mir weitere Schrammen und Kratzer dabei holen und mir noch mehr blutige Blasen laufen. Die Gefahr bestand, dass der Pfad mich noch tiefer in den Wald hineinführen würde, und das war mir für heute zu viel des Abenteuers. Damit war meine Entscheidung gefallen.

Entschlossen wandte ich mich dem Rückweg zu und wollte gerade losgehen, als ein Klopfen mich zurückhielt.

»Na, bist du sicher?«, hörte ich eine Stimme fragen.

Auf dem Schild mit der Inschrift »Mein bestes Leben« saß ein kleiner Vogel. Sein schwarz-weißes, leicht zerzaustes Federkleid sah wunderschön aus, und sein vorwitziger roter Schopf stand ihm zu Berge. An seinem Unterbauch prangte ein knallroter Fleck. Unermüdlich hämmerte er auf das Schild ein. Zwischendurch blickte er in meine Richtung, als wolle er etwas sagen. Dann aber senkte er wieder das Köpfchen und behackte das Holz so hingebungsvoll, dass die Federn auf seinem Kopf wackelten und das Schild vibrierte. Ich zögerte. Hatte er mit mir gesprochen? Wie konnte das sein? Sprechende Tiere, eigenartige Schilder? Nein, ich musste mich verhört haben. Dennoch verunsicherte mich der kleine Specht. Hatte ich jemals erlebt, dass ein solch besonderer Vogel mir ohne Scheu so

Rückweg
Mein bestes Leben

nahe gekommen war? Er ließ sich offensichtlich überhaupt nicht von mir stören und ging unbeeindruckt seiner Beschäftigung nach.

»Komm, trau dich!«, hörte ich wieder die Stimme sagen, die mich auch dieses Mal aus meinen Gedanken riss.

»Wer spricht da zu mir?«, fragte ich vorsichtig.

»Trau dich!«, wiederholte die Stimme, und jetzt bemerkte ich, dass es tatsächlich der kleine Specht war, den ich hörte.

»Na los, komm mit mir! Du wirst schon erwartet.«

Er flatterte kurz um mich herum, als würde er mich von allen Seiten betrachten, und landete dann wieder auf dem Pfahl des Wegweisers.

Ich war wie erstarrt. Ich spürte, dass mir ein kalter Schauer über den Rücken lief und eine schleichende Angst mir den Hals zuschnürte.

Was sollte ich nun tun? War ich verrückt geworden, dass ich Tiere sprechen hörte? Was hatte es nur mit diesem seltsamen Vogel auf sich?

»Nein, ich muss jetzt nach Hause«, rief ich erschrocken und lief los in Richtung Rückweg. Ich musste mich wohl ernsthaft fragen, ob ich gerade am Rande eines Nervenzusammenbruchs stand.

Der Specht folgte mir. »Nun warte doch. Keine Sorge, du bist nicht verrückt«, versuchte der Vogel mich zu beruhigen. »Dieser Wald und ich, wir existieren - wenn auch nur in dir.«

Ich blieb stehen. »In mir gibt es einen Wald und einen sprechenden Vogel?«

Der Specht lachte. »In dir gibt es noch viel mehr …«

»Und was bedeuten diese Schilder? Was ist mit ›Rückweg‹ und ›Mein bestes Leben‹ gemeint?«

»Die eine Richtung führt direkt in dein altes Leben zurück, und der andere Weg bringt dich in dein bestes Leben. Du wirst später sehen, was es damit auf sich hat.«

Ich war verwirrt. Ging das alles hier mit rechten Dingen zu? Stimmte es, was ich da hörte? Die gesamte Situation kam mir äußerst sonderbar vor. Dieser Ort, der mich vor eine Wahl stellte und mir die Möglichkeit bot, einen anderen Weg in meinem Leben einzuschlagen. Dennoch ertappte ich mich dabei, dass ich über die beiden Angebote nachdachte. Ich stellte mir die Frage, ob ich wirklich nichts an meinem alten Leben ändern wollte, wenn ich die Gelegenheit dazu bekäme. Gab es mehr zu verlieren oder mehr zu gewinnen?

Und warum sollte ich dem unbekannten Weg folgen, wo ich doch gar nicht wusste, was mich am Ende erwartete? Was wäre, wenn ich auch nur einen Teil von dem, was mir in meinem bisherigen Leben wichtig gewesen war, in meinem besten Leben nicht mehr wiederfinden würde? Wieder musterte ich den kleinen Specht.

»Und wer bist du?«, wollte ich wissen.

»Ich bin deine innere Stimme«, antwortete er ernst.

»Meine innere Stimme ist ein kleiner, vorwitziger sprechender Specht? Das ist lustig. Ich habe sie mir eigentlich immer anders vorgestellt.«

»Du hast bestimmt auch nicht gedacht, dass dein Unterbewusstsein ein Wald ist, oder?«

Ich runzelte die Stirn. »Das kann ich mir schon eher vorstellen. Aber das klingt trotzdem alles … gewöhnungsbedürftig.«

Er wiegte den kleinen Kopf hin und her. »Ja, so ist das. Jeder sieht die Welt mit anderen Augen. Für ein Kind ist sie magisch, für die meisten Erwachsenen hat sie jeden Zauber verloren. Wenn die äußeren Stimmen lauter werden, hören die meisten Menschen ihre innere Stimme nicht mehr. Wie ist es bei dir? Glaubst du an Magie? Glaubst du an das Unsichtbare oder an etwas anderes? Bist du wenigstens neugierig?«

Ich horchte in mich hinein und spürte ein verführerisches Kribbeln. Ob ich neugierig war? Allerdings war ich das! Aber auch misstrauisch. Was war das für ein seltsames Spiel? Oder war es ein Traum? Ja, vielleicht träumte ich. Wie dem auch sei, jetzt wollte ich wissen, was es mit dem besten Leben auf sich hatte und was am Ende des unbekannten Weges auf mich warten würde. Gleichzeitig hatte ich natürlich Angst. Angst davor, einen Fehler zu machen.

»Hab Mut, ich begleite dich«, sagte der Vogel aufmunternd. »Du musst dich nur entscheiden.«

Ich sah in die Richtung, in der mich mein altes Leben in Empfang nehmen würde.

»Was erwartet dich in deinem alten Leben?«, hakte der Specht nach und fügte sogleich hinzu: »Schlaflose und sorgenvolle Nächte. Weiterhin Baldrian und schließlich richtige Schlaftabletten? Deine Ängste, die von Nacht zu Nacht schlimmer werden …«

»Woher weißt du das?«, fragte ich ihn erschrocken.

»Hallo, schon vergessen, Jule? Ich bin deine innere Stimme«, entgegnete er keck. »Wie willst du weiter mit deiner Angst um deine Ehe umgehen und wie mit der Angst um deinen Job? Wie mit der ständigen Sorge um deine Tochter?«

Ich war einen Moment lang sprachlos.

»Ich weiß auch nicht«, stotterte ich. »Ich fühle mich oft hilflos und einsam. Und ich frage mich, ob der wachsende Druck in meinem beruflichen Alltag und der Abschied von meiner Tochter tatsächlich dazu geführt haben, dass ich mich selbst … vielleicht ein wenig … verloren habe.«

»Hinzu kommen ja noch meine beginnenden Wechseljahre, die meinen Zustand auch nicht gerade leichter machen«, dachte ich, aber das verschwieg ich lieber – wobei ich nicht wusste, ob ich dem Vogel überhaupt etwas verheimlichen konnte. Immerhin behauptete er, meine innere Stimme zu sein.

Dann wandte ich mich ihm erneut zu: »Oft frage ich mich: Wo bin ich geblieben, und wo sind meine Freiheit und meine Leichtigkeit hin? Beides würde ich gerne wiederhaben.«

»In Anbetracht deiner Lage scheint mir der Weg in dein bestes Leben der für dich leichtere zu sein«, bemerkte der Specht trocken. »Dieser Weg sieht zwar auf den ersten Blick beschwerlicher aus, aber du wirst neue Erfahrungen machen. Und es besteht immer die Möglichkeit, umzukehren, wenn du willst. Aber es ist natürlich ganz allein deine Entscheidung, ob du dich auf diesen Weg einlässt.«

»Ich habe Angst, das Neue zu wagen und es am Ende zu bereuen«, gestand ich kleinlaut.

»Vertraue dir und folge nicht deinen Ängsten«, riet mir der Specht und schwang sich in die Lüfte. Seine kleinen Flügel schlugen nervös auf und ab. Ich spürte den leisen Lufthauch in meinen Haaren sowie die Verheißung, die auf mich wartete.

»Warum zögerst du noch?«, fragte er flatternd. »Was hast du zu verlieren?«

»Ich habe Angst, ich könnte einfach alles verlieren.«

Der kleine Specht kam zurückgeflattert und setzte sich wieder auf den Wegweiser. Er betrachtete mich mit einem durchdringenden Blick, als könnte er in mein Innerstes schauen, und sagte: »Hör mir gut zu und merke dir jetzt, was ich sage. Du kannst in dein altes Leben zurückgehen und so weitermachen wie bisher. Vielleicht wirst du dich dann aber immer fragen, wie es gewesen wäre, wenn du nur genügend Mut gehabt hättest. Und wisse: Alles, was du im Herzen trägst, wirst du niemals verlieren.«

»Alles, was ich im Herzen trage, werde ich nie verlieren«, wiederholte ich nachdenklich.

Wie nah waren mir die Erinnerungen an die glückliche Zeit mit Stefan und Tilda? Oder das Bild der Wolken aus meiner Kindheit? Ich spürte, dass der kleine Specht recht hatte. Ich musste der Verheißung folgen.

»Na, dann komm!«, sagte ich. »Gehen wir!«

Wie verwandelt setzte ich mich in Bewegung.

»Sei aufmerksam und wachsam, es gibt viel für dich zu

entdecken«, hörte ich den Specht trällern. »Und gib auf die Dornen acht.«

Zu spät. Urplötzlich war ich von stechenden Dornen und Gestrüpp umgeben und kämpfte mich mit meinem neuen Begleiter durch die unbekannte Wildnis.

DER WEG

Ich wusste nicht, wie lange wir bereits unterwegs waren. Es erschien mir wie eine Ewigkeit. Ich hatte jedes Gefühl für Zeit verloren. Das Gestrüpp aus Dornen und Brennnesseln wollte kein Ende nehmen. Meine zerkratzten Arme und Beine schmerzten. Nur mühsam kam ich vorwärts, während der kleine Specht munter von Ast zu Ast flog und darauf wartete, dass ich mich Stück für Stück durch die Dornen kämpfte.

»Hast du eigentlich einen Namen?«, fragte ich ihn, während ich mich aus einer Brombeerschlinge zu befreien versuchte.

»Ich bin Cupido«, antwortete der kleine Vogel. »Ich bin nach dem römischen Gott der Liebe benannt.«

»Der mit Pfeilen auf die Herzen der Menschen zielt?«

»Genau der.«

»Aha. Und wo sind deine Pfeile?«

Der Vogel trällerte vergnügt, vielleicht war es so etwas wie ein Lachen. »Ich ziele nicht mit Pfeilen, sondern mit meinem Schnabel direkt auf dein Herz.«

»Wie meinst du das?«

»Ich habe eine spitze Zunge. Und manchmal sage ich Dinge, die dich so treffen können wie kleine, spitze Pfeile.

Aber ich bemühe mich, dich damit zu deiner Liebe zu führen.« Er sah, dass mich seine Bemerkung ins Grübeln brachte, und fügte hinzu: »Manchen Menschen muss man helfen, die Liebe zu sich selbst zu finden.«

»Interessant«, erwiderte ich und trat ein paar Brennnesseln nieder. »Ich heiße übrigens Juliane, aber alle nennen mich Jule.«

»Ich weiß. Auch ein hübscher Name«, sagte Cupido und begann mit seinem Schnabel auf ein Stück Holz zu klopfen, um wenig später den Wurm, der sich darin versteckt hatte, zu vernaschen.

»Wie praktisch«, dachte ich. Er konnte sich schnell eine kleine Stärkung besorgen, während ich in dieser Wildnis Hunger und Durst leiden musste. Meine Kehle war staubtrocken, und mein Magen knurrte wie ein Wolf.

Cupido, wie sich mein kleiner Begleiter also nannte, fühlte sich nach seinem Snack offensichtlich gestärkt und war nun voller Tatendrang.

»Los, Jule! Nicht aufgeben! Streng dich an. Du willst doch dein bestes Leben finden, oder etwa nicht?«, zwitscherte er übermütig.

»Du da oben hast gut reden«, erwiderte ich gereizt. »Du kannst einfach über dieses Gestrüpp hinwegfliegen, während ich mich mitten hindurchkämpfen muss. Das ist anstrengend und überhaupt kein Vergnügen. Ich sehe nichts als Dornen, meine Arme und Beine sind mit Schrammen und Kratzern übersät und brennen höllisch. Außerdem habe ich Durst und Hunger.«

»Hab noch ein wenig Geduld, Jule«, erwiderte Cupido mitfühlend.

»Aber ich kann nicht mehr«, rief ich, und dabei schossen mir Tränen der Verzweiflung in die Augen. »Wenn so mein bestes Leben aussieht, dann kann ich darauf verzichten.«

Der Specht sah mich an, dann nickte er. »Ich verstehe, dass du aufgeben willst. Das ist normal. Viele verlässt auf neuen Wegen der Mut, besonders wenn sie dornig werden. So sind die meisten Menschen. Sobald ihnen etwas schwerfällt, geben sie auf, manche früher, manche später. Nur wenige schaffen es, ihr Ziel im Auge zu behalten. Aber das ist okay. Wir können jederzeit umkehren. Dreh dich um und sieh hin, es ist ganz einfach. Willst du das?«

Ich blickte zurück. Der Weg, den ich mir durch das Dorngestrüpp gebahnt hatte, war gut zu erkennen. Es wäre viel leichter, zurückzugehen, als mich weiter vorwärtszukämpfen.

»Gut, dann gehen wir also zurück, und du kannst so weitermachen wie bisher. Das ist okay, wenn du es so willst«, sagte Cupido und verschwand kurz hinter einem Baumstamm, nur um gleich danach wieder aufzutauchen. »Es ist ganz einfach: Dreh dich um und geh los. Zwar hast du dich dann bis hierhin völlig umsonst abgerackert, aber immerhin hast du auf diese Weise erkannt, dass du lieber in dein altes Leben zurückmöchtest. Also nur zu. Geh.«

Ich zögerte.

»Ist es denn noch weit?«, fragte ich.

»Spielt das eine Rolle?«, erwiderte Cupido.

»Es ist so anstrengend«, flüsterte ich müde.

»Ein neuer Weg ist immer anstrengend. Besonders am Anfang. Aber das ist jetzt nicht mehr deine Sache. Komm, lass uns umkehren!«, rief er und flog in die andere Richtung.

Doch mein Kampfgeist war geweckt. Ich biss die Zähne zusammen. »Nein. Ich will weitergehen.«

Cupido machte sofort kehrt.

»Ach, sieh an! Damit hätte ich jetzt gar nicht mehr gerechnet«, entgegnete er erstaunt. »Dann also vorwärts.«

Es dauerte noch eine ganze Weile, bis wir die Dornbüsche endlich hinter uns gelassen hatten. Wiesen und Felder lagen nun vor uns. Nach dem Marsch durch das Gestrüpp kam mir die Landschaft unendlich weit vor. Eine kühle Brise strich mir durchs Haar, und ich atmete tief durch.

»Und? Was sagst du?«, fragte Cupido.

»Ich glaube, es hat sich gelohnt, weiterzugehen«, antwortete ich und genoss den grandiosen Ausblick und das gute Gefühl, nicht aufgegeben zu haben.

»Ja. Lohnt sich immer, eine Entscheidung zu treffen. Lohnt sich immer ...«, trällerte Cupido zufrieden vor sich hin und setzte sich auf einen Ast, um mit mir auf Augenhöhe zu sein.

»Und jetzt?«, fragte ich.

Er ließ seinen Blick so wie ich über die Landschaft schweifen. »Kannst du es schon sehen?«

»Was ... soll ich sehen können?«

Sein Federkleid plusterte sich auf. »Okay, ich frage mal anders: Was siehst du gerade?«

»Wie meinst du das? Was soll ich denn sehen können?«

»Genau das will ich von dir wissen. Beschreibe mir doch einfach mal, was du siehst.«

Ich wusste immer noch nicht, worauf Cupido hinauswollte. »Ich sehe Wiesen und Felder.«

»Und was sonst noch?«, hakte er nach.

»Keine Ahnung, was meinst du denn?«, fragte ich gereizt.

»Das will ich ja von dir wissen«, entgegnete er seelenruhig.

Ich spähte angestrengt in die Landschaft. »Sonst sehe ich da definitiv nichts.«

Er überlegte. »Tja, dann müssen wir wohl noch eine Weile deiner Nase folgen. Bleibt uns ja nichts anderes übrig.«

»Ich gehe also einfach weiter geradeaus?«

»Entweder das, oder wir gehen wieder ein Stück zurück«, schlug der Specht vor, erhob sich in die Lüfte und flatterte zurück zu den Dornbüschen.

Nun verstand ich gar nichts mehr. »Was? Wieso müssen wir jetzt plötzlich wieder ...? Hey! Was machst du denn da?«

»Überraschung!«, hörte ich ihn rufen. »Ich sehe was, was du nicht siehst! Na los, Jule.«

»Warum soll ich jetzt doch umdrehen? Ich will nicht zurück.«

»Wirst schon sehen«, rief Cupido. »Na, mach schon.«

Ich gab nach und fand ihn auf der Spitze eines Dornbusches, wo er auf mich wartete. Der Weg, den ich mir eben durch das Gestrüpp gebahnt hatte, führte über einen Hügel, den ich jedoch nicht bemerkt hatte, weil ich so damit beschäftigt gewesen war, mich hungrig und durstig durch die Dornen zu kämpfen.

»Wenn du dich etwas streckst, dann blickst du über die Büsche hinweg«, sagte Cupido und deutete mit seinem Schnabel zum Hügel.

Ich stellte mich also auf den höchsten Punkt, streckte mich und schaute in Richtung der Wiesen und Felder. Die Aussicht reichte nun viel weiter als zuvor.

»Na, was siehst du jetzt?«, fragte Cupido.

Am Horizont erkannte ich die Silhouette eines Dorfes.

»Ist das unser Ziel?«

»So ist es«, antwortete Cupido.

»Großartig. Da kriegen wir bestimmt was zu trinken und zu essen. Komm, beeil dich.«

»Nicht so schnell«, bremste mich der Specht. »Bis eben wusstest du nicht einmal, dass das Dorf überhaupt existiert. Du hast es nur entdecken können, weil du ein paar Schritte zurückgegangen bist.«

Ich schaute dem kleinen Vogel in die Augen. »Und was willst du mir damit sagen?«

»Ich erkläre es dir am besten mit der Geschichte von den drei Hühnern. Ich habe diese Hühner einmal von einem Baum aus entdeckt und beobachtet, wie sie aufgeregt vor einem Zaun standen, weil sie unbedingt auf die andere Seite wollten, wo es eine Menge Futter gab. Das erste Huhn versuchte, sich durch die Maschen des Drahtes zu zwängen, aber die waren viel zu klein, und so erdrosselte es sich selbst bei dem Versuch, das Futter zu erreichen. Das zweite Huhn versuchte, über den Zaun zu fliegen, aber es war ein aussichtsloses Unterfangen. Immer und immer wieder versuchte es, über den viel zu hohen Zaun zu flattern. Irgendwann war es so schwach, dass es vor Entkräftung starb. Das dritte Huhn wartete einfach. Vielleicht hoffte es, durch ein Wunder auf die andere Seite zu gelangen. Aber das Wunder geschah nicht, und ein paar Tage später war auch dieses Huhn tot. Verhungert.«

»Das ist keine besonders motivierende Geschichte, Cupido«, sagte ich vorwurfsvoll. »Hatten die Hühner denn überhaupt eine Chance?«

»Allerdings. Wären sie ein paar Schritte zurückgegangen, hätten sie gesehen, dass der Zaun ein großes Loch hatte. Von meinem Baum aus konnte ich es gut erkennen. Da hätten alle drei einfach bequem hindurchspazieren können.« Cupido pfiff schrill. »Verstehst du, Julchen, manchmal muss man ein paar Schritte zurückgehen, um alles in einem neuen Licht zu sehen, um den Blickwinkel zu erweitern. Dann entdeckt man plötzlich Dinge, die einem vorher nicht aufgefallen sind.«

»Werde ich mir merken«, sagte ich. »Trotzdem hättest du den armen Hühnern helfen können. Warum hast du ihnen nicht gesagt, dass der Zaun ein Loch hatte?«

Sein kleiner Körper bog sich vor Lachen. »Ich kann dich beruhigen. Ich habe mir die Geschichte nur ausgedacht.«

DAS DORF

Ein hoher Palisadenzaun umgab das Dorf. Der einzige Eingang war mit einem massiven Holztor verschlossen, das ebenso wenig einladend wirkte wie die gesamte Befestigung.

»Wie soll ich da reinkommen?«, fragte ich Cupido.

»Keine Ahnung. Ich für meinen Teil weiß schon, wie ich es mache«, antwortete der Specht und flog über den Zaun hinweg.

»Na komm! Wo bleibst du denn?«, hörte ich ihn rufen.

Ich trat näher an das Tor heran und entdeckte einen schweren Eisenring, der daran befestigt war. Damit klopfte ich dagegen.

Drinnen waren Schritte zu hören. Dann öffnete sich im Tor eine Luke. Ein grobes Gesicht erschien dahinter. Es gehörte zu einem nicht gerade schönen Mann, der mir seine von rotblauen Äderchen durchzogene Blumenkohlnase entgegenstreckte. »Was ist? Was willst du?«

Sein Anblick und der mürrische Tonfall ließen mich einen Schritt zurückweichen. Ich sah nach oben und hoffte, Cupido würde mir helfen, aber mein gefiederter Begleiter war nicht zu sehen.

Schon wollte der Blumenkohlnasige die Luke wieder schließen, da fand ich endlich meine Sprache wieder.

»Ich … ähm … heiße Jule«, stotterte ich. »Ein Vogel hat mich hergeführt, und es war ein langer, beschwerlicher Weg. Und jetzt habe ich … Hunger und Durst.«

Der Mann lachte schallend. »Na und? Wir sind doch kein Wirtshaus! Hier kann nicht einfach jeder herkommen und Bestellungen aufgeben. Mach, dass du wegkommst!« Und damit schlug er mir die Luke vor der Nase zu.

Verwirrt blieb ich vor dem Tor stehen. »Was jetzt?«, dachte ich und fragte mich, wo mein Begleiter abgeblieben war, der mir Großes versprochen hatte, mich aber jetzt im Stich ließ.

»Cupido«, rief ich. »Wo bist du? Du musst mir helfen.«

Doch von Cupido gab es weit und breit keine Spur.

Ich klopfte erneut, diesmal heftiger als zuvor, und rief: »Bitte! Lassen Sie mich rein! Ich brauche Hilfe!«

Nach einer Weile öffnete sich die Luke erneut, und die finstere Miene des Wärters erschien. Aus dunklen Augen sah er mich an. »Was willst du?«

»Könnte ich wenigstens ein Glas Wasser bekommen?«

»Verschwinde!«, grunzte er und wollte gerade die Luke wieder zuknallen, als mir ein Gedanke kam. Hatte Cupido nicht erwähnt, dass ich erwartet wurde?

»Ich habe erfahren, dass der Weg zu meinem besten Leben durch dieses Dorf führt!«, sagte ich rasch.

Der Mann hielt inne. »Na und?«

»Ich dachte, vielleicht werde ich erwartet«, versuchte ich mein Glück.

»Erwartet?«, knurrte er höhnisch. »Glaubst du nicht, dass jeder Mensch nach seinem besten Leben strebt? Warum solltest ausgerechnet du hier erwartet werden?«

Die Frage überraschte mich, und ich hatte spontan keine Antwort darauf.

»Wusste ich's doch«, sagte er und knallte die Luke erneut zu.

Mir ging seine ablehnende Haltung gewaltig auf die Nerven.

»Dann sagen Sie mir doch einfach, was ich tun soll!«, rief ich und trat wütend gegen das Tor. Keine Reaktion. Das machte mich noch wütender.

Hatte ich mich stundenlang hungrig und durstig durch die Dornen gekämpft und den beschwerlichen Weg bis zu diesem Tor gemeistert, um jetzt von einem grobschlächtigen Typen mit Blumenkohlnase abgeschmettert zu werden? Trotzig schlug ich den Eisenring so lange und fest gegen das Tor, bis meine Finger wehtaten.

Diesmal wurde die Luke mit Schwung aufgerissen. Die Blumenkohlnase des Wächters leuchtete gefährlich rot. Kein Zweifel, er war kurz davor, mich anzubrüllen. Doch ich kam ihm zuvor.

»Hören Sie mir jetzt gut zu!«, schimpfte ich und drohte ihm mit dem ausgestreckten Zeigefinger. »Hier geht es um *mein* bestes Leben. Um MEINS! Nicht um IHRES! Ich habe wirklich gekämpft, um dieses Tor zu erreichen. Und ich habe Hunger. Und Durst. Und jetzt will ich hier rein! Ist das klar?«

Er verharrte. Ich rechnete damit, dass er mich entweder herunterputzen oder einfach die Luke erneut zuknallen würde, aber zu meiner Verblüffung passierte etwas ganz anderes.

»Na, geht doch«, antwortete er und nickte anerkennend.

Die Luke schloss sich wieder, und ich hörte, wie das Tor entriegelt wurde. Quietschend öffneten sich die beiden Flügel.

»Willkommen in unserem Dorf«, sagte der Wärter freundlich und ließ mich eintreten.

Ich erblickte einen unbefestigten Dorfplatz, in dessen Mitte eine sehr alte Eiche stand, sozusagen das Herz des Dorfes. Zudem sah ich einen gemauerten Brunnen und eine Holzbank, auf der man im Schatten der Eiche rasten konnte.

Häuser in verschiedenen Farben, Größen, Formen und aus unterschiedlichen Materialien säumten den Platz. Es gab windschiefe Steinhäuser mit Spitzdächern und Türmen, moderne Bungalows aus Glas, hübsch verzierte und aufwendig gebaute Holzhäuser auf Stelzen sowie einfache Hütten aus Lehm und Stroh. Ein buntes Dorf, das keinem Architekturstil und keiner Zeit zuzuordnen war.

Die Stimme des Wärters riss mich aus meinen Gedanken. »Anmelden musst du dich da vorn.« Er zeigte auf ein kleines Haus mit einem hohen Turm gleich rechts neben dem Tor.

»Okay. Danke. Dann weiß ich ja Bescheid.«

Er nickte und begann, das Tor zu schließen.

In diesem Moment sah ich Cupido, der am Brunnen saß und mir mit dem Flügel zuwinkte. »Huhu, Jule. Ich bin hier. Komm her und erfrisch dich. Das Wasser ist wunderbar kühl, und ich habe dir etwas Brot besorgt.«

Erfreut, ihn zu sehen, lief ich zum Brunnen. »Da bist du ja. Ich dachte schon, du hättest mich allein gelassen!«

»Hab ich ja auch. Die Entscheidung, das Dorf zu betreten, musstest du schon selbst treffen.« Er zwitscherte. »Aber ich freue mich, dass du es geschafft hast. Jetzt können wir unseren Weg gemeinsam fortsetzen.«

»Wirst du denn jetzt an meiner Seite bleiben?«

»Manchmal ja. Manchmal nein. Manche Sachen musst du allein machen. Logisch. Es ist ja DEIN bestes Leben. Aber ich kann dich führen. Wobei du am Ende selbst entscheiden musst, was du tust. Denk immer daran, dass du der einzige Mensch auf der Welt bist, der über dein bestes Leben bestimmen kann.«

Er deutete mit dem Schnabel auf ein kleines Stückchen Brot, das auf dem Rand des Brunnens lag. »Und jetzt iss.«

»Danke, Cupido.« Ich nahm den kleinen Happen und aß ihn auf. »Das tut gut. Hast du noch mehr davon?«

»Ich bin ein Specht. Dieses Stück hätte mir für den ganzen Tag gereicht.«

»Das stimmt. Es war eher eine Spatzenportion.«

Ich trank vom kühlen, belebenden Wasser, dabei fiel mein Blick auf die alte Eiche. Der mächtige Baum wirkte kraft- und glanzlos. Sein Blätterdach hatte eine Menge kahler Stellen. Das Laub war teilweise vertrocknet und hatte sich mitten im Sommer bräunlich verfärbt.

»Gibt es niemanden, der sich um diesen Baum kümmert?«, fragte ich Cupido.

»Gute Frage«, antwortete er.

Kurz entschlossen füllte ich einen Eimer mit Wasser und goss die Wurzeln des alten Baumes damit.

»Was machst du da?«, fragte mich der Specht.

»Der ist doch viel zu schade, um ihn einfach so vertrocknen zu lassen.«

»Dieser Baum lebt nicht vom Wasser, Jule.«

»Wovon lebt er dann?«

»Das wirst du herausfinden.«

Ich stutzte, fragte aber nicht weiter nach. So langsam hatte ich mich daran gewöhnt, dass Cupido mir Rätsel aufgab. Ich hoffte, ich würde auch dieses noch lösen.

»Der Wächter sagte, dass ich mich erst anmelden muss, bevor ich das Dorf erkunden kann.«

»Ja, da vorn in dem Haus mit dem Turm wohnt Madame. Sie wird dich offiziell willkommen heißen und dir sagen, wie es weitergeht.«

»Madame? Und wie weiter?«

»Nichts weiter. Alle nennen sie einfach nur Madame.«

»Alles klar. Wollen wir los?«, fragte ich und machte Anstalten, zu gehen.

»Ich komme nicht mit«, erwiderte Cupido. »Wir sehen uns später.«

»Du bist ein seltsamer Vogel.«

»Ich weiß.«

DIE WENDELTREPPE ZU MADAME

Die Tür zum Turm von Madame war nur angelehnt. Als ich klopfte, öffnete sie sich mit einem leisen Knarren ein Stück, und durch den Spalt erblickte ich eine kleine Eingangshalle. Zögernd trat ich ein.

Rechts an der Wand entdeckte ich ein kleines Messingschild, auf dem in akkuraten Lettern zu lesen war: Schließen Sie bitte die Tür und folgen Sie der Treppe bis ganz nach oben!

Gemeint war eine gewaltige Wendeltreppe zu meiner Linken. Beeindruckt blickte ich hoch und sah, wie sie sich schier endlos bis zur Turmspitze hinaufschraubte.

»Puh, da habe ich mir ja ganz schön was vorgenommen«, murmelte ich vor mich hin.

»Was haben Sie da gerade gesagt?«, fragte eine weibliche Stimme, die zwar etwas dumpf, aber keineswegs unfreundlich klang.

Ich bemerkte einen neben der Treppe hängenden Schlauch mit einem kleinen Trichter. Offenbar handelte es sich um ein Sprachrohr, wie man es vor der Erfindung des Telefons benutzt hatte. Durch dieses Rohr musste ich gerade die Stimme von Madame vernommen haben.

Ich zog den kleinen Trichter zum Mund. »Hallo?«, sprach ich hinein.

Von oben kam die Antwort: »Hallo. Was haben Sie gerade gesagt? Ich habe Sie nicht verstanden.«

»Ich habe gesagt, dass ich mir da ganz schön was vorgenommen habe«, wiederholte ich. »Sieht aus, als wäre das eine endlos lange Treppe.«

»Vielleicht kommt sie Ihnen länger vor, als sie in Wirklichkeit ist«, erwiderte die Frauenstimme.

»Außerdem bin ich nicht ganz schwindelfrei«, erklärte ich. »Sie ist lang genug, um mir Respekt einzuflößen. Bei solchen Treppen habe ich nämlich immer ein mulmiges Gefühl.«

»Wie gesagt, vielleicht erscheint sie Ihnen genau deshalb sehr lang.«

»Ich sehe auch kein Geländer, an dem ich mich festhalten könnte. Sieht ganz schön gefährlich aus.«

»Sie haben recht. Es gibt kein Geländer«, antwortete die Stimme. »Aber wieso soll das gefährlich sein?«

Ich schwieg und blickte skeptisch die imposante Wendeltreppe hinauf. Die Stufen bestanden aus alten Brettern, von denen die meisten nicht sehr vertrauenswürdig wirkten.

»Sie sieht alt aus«, stellte ich fest.

»Sie ist alt«, bestätigte die Stimme. »Alt und wackelig.«

»Das ist beunruhigend«, erwiderte ich.

»Vielleicht«, meinte die Stimme freundlich. »Wollen Sie es trotzdem versuchen? Gehen Sie doch einfach ein paar Stufen hinauf und schauen Sie, ob es klappt. Vielleicht ist es leichter, als Sie denken.«

Ich überlegte. »Gut.« Ich atmete tief durch und begann, vorsichtig die hölzernen Stufen hinaufzusteigen. Die Bretter ächzten unter der Last meines Gewichts. Einige Stufen hatten Löcher, durch die man den Boden der Eingangshalle sehen konnte. Ich spürte ein zunehmendes Unbehagen in mir aufsteigen.

»Ich schaffe das«, versuchte ich mir Mut zuzusprechen.

»Natürlich schaffen Sie das«, hörte ich Madame freundlich sagen. Sie musste mich durch das Sprachrohr gehört haben.

Entschlossen ging ich weiter, aber mit jeder Stufe, die ich höher stieg, wurde mein Unwohlsein größer, und meine Beine fühlten sich immer schwerer an.

Jetzt sprach Madame nicht mehr über das Sprachrohr mit mir, sondern rief direkt von oben laut herunter: »Wo bleiben Sie denn?« Ihre Stimme klang freundlich und interessiert, aber auch ein wenig ungeduldig.

Und urplötzlich war es wieder da, dieses ungute Gefühl. Wieder spürte ich einen inneren Druck und eine schleichende Angst. Wieder fühlte ich mich wie gelähmt, einer Ohnmacht nahe. »Ich bin zu schwach und zu ängstlich«, schoss es mir durch den Kopf. »Ich bin zu unbeweglich, zu alt, zu langsam. Ich bin ungeeignet für diese Aufgabe. Ich kriege das alles nicht mehr hin.« Ich versuchte weiterzugehen, mich Stück für Stück nach oben zu arbeiten. Aber über mir schienen jetzt unendlich viele Stufen zu sein. Es war einfach kein Ende in Sicht. Ich war gefangen: oben ein schwarzer Himmel, unten ein schwarzes Loch.

Die Angst und das Gefühl der Beklemmung rangen mich

förmlich nieder. Zitternd ging ich auf die Knie und klammerte mich an die nächste Stufe. Angstschweiß rann mir übers Gesicht. Ich schloss die Augen, versuchte ruhig zu atmen und mich unter Kontrolle zu bekommen.

Wieder hörte ich die laut rufende Stimme von Madame. »Ist bei Ihnen alles in Ordnung?« Diesmal schien sie besorgt zu sein.

Ich riss mich zusammen und versuchte, den Anschein zu erwecken, dass ich alles im Griff hatte.

»Ja, ja, ich bin gleich bei Ihnen.« Es sollte möglichst beiläufig klingen, aber ich konnte die Wörter nur mühsam hervorbringen. Im selben Moment fiel mir auf, dass ich in solchen Situationen oft ähnlich reagierte: Ich spielte herunter, dass ich in Panik war und kaum klar denken konnte. Wie in den schlaflosen Nächten, in denen mich die Angst fest umklammerte.

Ein Schwindel erfasste mich, und ich drohte in den gähnenden Abgrund zu stürzen.

In diesem Moment ergriff jemand meinen Arm. Es war ein fester Griff. »Ganz ruhig. Ich bin da und halte Sie. Es kann Ihnen nichts passieren.«

Ich sah in das gutmütige Gesicht einer hageren Frau mit großer Brille. Sie hatte einen leichten Überbiss und markante Gesichtszüge, umrahmt von dunklen Haaren, die so eigenwillig frisiert waren, dass sie an eine Haube erinnerten.

Ohne ihren Griff zu lockern, setzte die Frau sich neben mich.

»Madame?«, riet ich.

»Die bin ich«, antwortete sie. »Wollen Sie mir verraten, was mit Ihnen los ist?«

»Ich glaube, ich habe ein bisschen Angst«, untertrieb ich maßlos.

»Vor der Treppe?«, fragte sie.

»Nicht direkt. Ich habe eher Angst davor, dass ich es nicht bis nach oben schaffe, dass ich… versage. Immer dann kommt die Angst… und der Druck… und dann wieder die Angst… und immer so weiter. Ich habe das Gefühl, ausgeliefert zu sein. Ich weiß nicht, wie ich es überwinden soll. Und dadurch wird meine Angst noch größer, und ich würde am liebsten einfach weglaufen. Aber ich weiß, ich kann dieser Spirale nicht entkommen. Die Angst findet mich. Überall.«

»Sie haben recht«, erwiderte Madame mit einem bedächtigen Nicken. »Ihre Angst wird schlimmer werden, solange Sie daran denken, wegzulaufen. Und die Spirale aus Angst und Druck wird sich immer weiter nach oben schrauben, wenn Sie sich nicht entscheiden, diesen Kreislauf zu durchbrechen. So werden Sie jedenfalls nie oben bei mir ankommen. Schade eigentlich. Man hat von dort einen sehr schönen Ausblick.«

»Und was soll ich jetzt machen?«, fragte ich zaghaft.

»Möchten Sie Ihre Angst verstehen? Möchten Sie wissen, woher Sie kommt und wie Sie mit ihr umgehen können?«

»Ja. Das würde ich wirklich sehr gern.«

»Haben Sie sich schon einmal gefragt«, fuhr Madame

fort, »ob Ihre Angst Sie in irgendeiner Weise weiterbringt? Ob sie eine Berechtigung hat? Und wie hoch die Wahrscheinlichkeit ist, dass das, wovor Sie Angst haben, wirklich eintritt?«

»Nein, das alles habe ich mich noch nie gefragt«, antwortete ich kleinlaut.

»Gut. Dann sind Sie bei mir genau richtig. Wir müssen jetzt nur noch kurz nach oben gehen, und dort besprechen wir dann alles Weitere.«

»Das klingt so einfach, wenn Sie das sagen.« Ich hatte immer noch weiche Knie.

»Es ist auch einfach«, antwortete Madame. »Bedenken Sie, dass Sie früher alle Treppen in Ihrem Leben ohne Angst erklimmen konnten. Warum sollte das jetzt plötzlich nicht mehr funktionieren?«

Ich sah sie an und spürte, dass meine Lebensgeister zurückkehrten. Zusammen mit dieser starken Madame würde ich es bis nach oben schaffen.

Ich stand auf, noch etwas unsicher, aber auch entschlossen. »Also gut. Gehen wir.«

»Fein«, sagte sie und deutete nach oben. »Dann los.«

Zu meiner Verblüffung waren wir wenige Stufen später am Ziel.

»Komisch. Eben noch erschien mir die Treppe endlos lang und das Ziel quasi unerreichbar, und dann ging plötzlich alles ganz schnell.«

»Ja, die Angst ist meistens größer als das, was uns Angst macht«, erwiderte Madame. Beiläufig fügte sie hinzu: »Besonders in der Nacht.«

Und mit diesen Worten betraten wir ihr Turmzimmer.

Das Dach des Zimmers hatte die Form einer Kuppel, die aus buntem Glas bestand. Es färbte die einfallenden Sonnenstrahlen und tauchte den Raum in ein magisches Licht.

Madame, deren hochgewachsene Gestalt in einem schwarzen Anzug steckte, ging zu einem Schreibtisch, griff in die oberste Schublade und holte einen Bogen Papier heraus. Damit ging sie zum Fenster, öffnete es und winkte mich zu sich. Ich sah hinaus. Das Panorama war atemberaubend.

»Wow. Ich habe nicht geahnt, dass dieses Fleckchen Erde so wunderschön ist«, schwärmte ich.

Sie nickte zufrieden und zeigte mir den Papierbogen, den sie gerade aus dem Schreibtisch geholt hatte. »Das ist der Lageplan vom Dorf.«

Sie wollte ihn gerade so drehen, dass die Skizze mit der tatsächlichen Position der Häuser übereinstimmte, doch in diesem Moment riss ihr ein Windstoß den Plan aus der Hand. Wir blickten ihm verdutzt hinterher. Er segelte in sanften Schaukelbewegungen hinab und landete schließlich unerreichbar auf dem Giebel eines Strohdaches.

»Ups«, kommentierte Madame. »Das war der Plan zu dem Ziel, Ihr bestes Leben zu finden. Und dummerweise gibt es keine Kopie davon. Tut mir leid.«

Erschrocken und auch ein wenig verwirrt schaute ich zu dem Plan hinunter. »Und was machen wir jetzt?«

»Ich würde sagen, Sie zeichnen einfach einen neuen Plan«, schlug Madame vor.

»Und wie soll ich das machen?«

»Na, wie schon? Aus dem Gedächtnis.«

»Aber wie soll das gehen? Ich kenne mich hier doch gar nicht aus.«

Sie zog mit einer Handbewegung eine Art Kreis um das zu unseren Füßen liegende Dorf. »Da unten finden Sie Ihr bestes Leben. Sie müssen sich nur einen Plan davon machen, was Sie brauchen, und dann kann es auch schon losgehen.«

»Aber wie soll ich einen Plan von etwas machen, das ich nicht kenne?«, hakte ich nach.

Sie sah mich forschend an. »Moment mal, soll das heißen, Sie haben keine Vorstellung davon, wie Ihr bestes Leben aussehen soll? Haben Sie sich das wirklich noch nie gefragt?«

Ich biss mir ertappt auf die Unterlippe. Diese Frage hatte ich mir tatsächlich bisher noch nicht gestellt. Ich war einfach nur einer Idee gefolgt, nämlich der Aussicht darauf, an diesem Ort mein bestes Leben zu finden. Aber wie genau das aussehen sollte, das war mir nicht klar.

Madame schwieg und wartete auf meine Antwort.

»Naja, ich hab da schon so ein paar Ideen …«, begann ich.

Madame nickte aufmunternd. »Nur zu.«

»Ich … möchte mich nachts nicht mehr schlaflos und voller Sorgen im Bett hin und her wälzen.«

Ich sah sie fragend an und wartete insgeheim auf eine Bestätigung, aber Madame zeigte keine Regung.

»Und ich … würde gern nicht mehr so unter Druck stehen. Ich … habe das Gefühl, dass ich nicht mehr genüge. In keiner Hinsicht.«

Wieder suchte ich in Madames Gesicht nach einer Reaktion, aber ihre Miene blieb unbewegt. Mit klarem Blick wartete sie darauf, dass ich weitersprechen würde. Ich war etwas verwirrt. Was wollte sie von mir?

»Verstehen Sie mich?«, fragte ich unsicher.

Aus ihrem Nicken wurde ein Kopfschütteln. »Nein. Leider nicht.«

»Aber ich habe Ihnen doch gerade erklärt, was ich in meinem Leben gern ändern würde.«

»Nein. Sie haben mir gerade gesagt, wie Ihr Leben *nicht* aussehen soll. Aber ich möchte genau das Gegenteil von Ihnen hören. Sagen Sie mir nicht, was Sie *nicht* wollen, sondern, was Sie sich *wünschen.*«

Ich stutzte. Was wollte ich eigentlich? Gute Frage. »Ich glaube, das weiß ich noch nicht so genau. Ist das schlimm?«

»Nein. Sie sind hier, um genau das herauszufinden. Alle hier im Dorf wollen Ihnen dabei helfen. Alles hier ist mit allem verbunden. Lernen Sie das Dorf kennen, in- und auswendig, dann werden Sie auch sich selbst kennenlernen. Folgen Sie nicht einfach Ihren Ängsten, sondern gehen Sie weiterhin über das Gefühl der Furcht hinaus und lernen Sie, wie es sich anfühlt, im *Darüberhinaus* zu leben, sich selbst zu fühlen, das Gute und das Schlechte anzunehmen, denn alles hat seinen Sinn. Nur wer sich selbst kennt und versteht, wer sich nicht scheut, in die entlegensten Ecken seiner Persönlichkeit zu schauen, wird auch in der Lage sein, sein bestes Leben zu finden – und den Augenblick zu erkennen, um darin zu verweilen.«

Dann öffnete Madame eine kleine Tür, hinter der eine lange gläserne Rutsche zum Vorschein kam. Ich staunte nicht schlecht.

»Und jetzt rein ins Vergnügen«, sagte sie aufmunternd.

»Wie? Soll ich da etwa runterrutschen?«, fragte ich verblüfft.

»Überlegen Sie nicht lange, tun Sie es einfach«, erwiderte sie.

DAS HAUS DER SCHMETTERLINGE

Während ich noch überlegte, ob ich mich wirklich auf eine Rutschpartie einlassen sollte, nahm ich zur Probe auf der gläsernen Konstruktion Platz. Doch ehe ich mich's versah, versetzte Madame mir einen kleinen Schubs, und ich glitt erst langsam und dann immer schneller die spiegelglatte Fläche hinab.

Obwohl die Rutsche nach oben hin offen war und ich rasch an Tempo zulegte, hatte ich seltsamerweise keine Angst, aus der Bahn zu fliegen. Die erhöhten Seitenwände in den Kurven sorgten dafür, dass ich mich trotz des Tempos sicher und geborgen fühlte. In sanften Kurven ging es hinab, mal etwas langsamer, dann wieder schneller. Es war wundervoll. Das Dorf flog an mir vorbei. Verglichen mit dem beschwerlichen Aufstieg über die Wendeltreppe war dieses rasante Hinabgleiten eine wahre Wonne, ein beinahe rauschhaftes Vergnügen. Ich schloss die Augen und überließ mich ganz dem Zauber der Bahn.

»Juhuuuuuuu!«, hörte ich plötzlich ein kleines Mädchen rufen. Dann erfüllte sein glockenhelles Lachen die Luft. Das Kind jubilierte und freute sich so lauthals, wie nur Kinder es können. »Jaaaaa. Juhuuuuuuu!«

Woher kam diese Stimme? Es klang so, als wäre das Kind in meiner unmittelbaren Nähe, als würde es mir sein Glück direkt ins Ohr rufen. Urplötzlich wurde mir nun etwas klar: Es war meine eigene Stimme, die ich gerade hörte. Ich selbst juchzte vor lauter Glück und Übermut.

Es kam mir so vor, als wäre ich plötzlich wieder fünf Jahre alt. Ich öffnete meine Augen wieder und sah, wie sich das Gesicht des kleinen Mädchens, das ich einst gewesen war, in einer Kurve in der gläsernen Wand der Rutsche spiegelte. Die Unbeschwertheit aus Kindertagen, ich hatte sie plötzlich wieder. Alles, was mich vorher belastet hatte, war verschwunden, hatte sich aufgelöst im Rausch dieser rasanten Rutschpartie. Es gab nur noch mich und das Glücksgefühl, die ganze Welt umarmen zu können. Selig überließ ich mich dem Augenblick und wünschte, dass er nie enden würde.

Nachdem es eine Weile immer schneller hinabgegangen war, verringerte sich meine Geschwindigkeit plötzlich merklich. Sanft glitt ich über die Zielgerade zum Ende der Rutsche, wo ich mit Schwung in einer kleinen Sandkuhle auf meinem Po landete. Ich konnte nicht anders, als aus vollem Halse zu lachen. Was für ein Vergnügen!

»Noch mal!«, hörte ich das kleine Mädchen rufen. Ich stand schnell auf und sah mich um, so wie früher auf unserem Spielplatz, wenn ich meine Mutter gesucht hatte. Aber sie war nicht da.

Stattdessen stand ich plötzlich inmitten Hunderter, vielleicht sogar Tausender Schmetterlinge, die aufgeregt flatternd den kompletten Innenraum einer Orangerie bevölkerten. Das Gebäude schien schon älter zu sein. Das grün lackierte Stahlgerüst rankte sich in verspielten Formen um und über die teils zerbrochenen Glasscheiben. Der Raum war nicht nur voller Schmetterlinge, sondern auch mit prachtvollen Pflanzen bewachsen. Selbst exotische Bäume gab es hier. Obwohl die Grundfläche der Orangerie nicht besonders groß war, hatte sie eine beachtliche Höhe. Die Schmetterlinge waren überall. Sie flatterten in ihrer bunten Pracht bis zur Kuppel hinauf, und ich hatte den Eindruck, dass dieses Bauwerk wohl so etwas wie eine Kathedrale sein musste.

Jeder Schmetterling, den ich erblickte, schien mir noch bunter zu sein als derjenige, den ich davor gesehen hatte. Die Falter waren verschieden groß, hatten unterschiedliche filigrane Zeichnungen und flatterten wild durcheinander. Kreuz und quer tanzten sie im Sonnenlicht und leuchteten dabei in den schönsten Farben: Gold, Orange, Rot, Silber, Gelb, Blau, Grün, Violett.

Ich war derart fasziniert von dem Anblick, dass ich den Atem anhielt.

»Und? Wie gefällt es Ihnen?«, hörte ich eine Stimme fragen.

»Es ist das Paradies!«, antwortete ich überschwänglich, ohne darüber nachzudenken, wer da gerade das Wort an mich gerichtet hatte.

»Ja, das ist es in der Tat!«, bestätigte die Stimme, und mir wurde klar, dass sie zu einem Mann gehörte, der sich offenbar gerade zu mir gesellt hatte. Er war groß, trug einen hellen Sommeranzug und hatte einen akkuraten

Seitenscheitel, aber seine lachenden Augen ließen vermuten, dass er nicht ganz so förmlich war wie seine Frisur.

»So etwas Wunderschönes habe ich ja noch nie gesehen!«, fügte ich verzaubert hinzu.

»Nicht wahr?«

Versonnen schauten wir den Schmetterlingen bei ihrem Tanz zu und gaben uns diesem zauberhaften Moment hin. Ein Falter landete auf meiner Hand, als wolle er mich begrüßen. Ich hatte noch nie einen so zutraulichen Schmetterling erlebt. Große bunte Augen zierten seine Flügel. Er ließ sich von mir ohne Scheu in seiner ganzen Schönheit und Zerbrechlichkeit betrachten.

»Ein Pfauenauge. Sie finden ihn in allen Gärten und Wäldern unserer Region. Sogar in Parks. Und sehen Sie, da...« Der Mann neben mir deutete auf einen Falter, der auf einer Blüte landete, wo er – mit den Flügeln pumpend – Nektar saugte.

»Das ist ein Admiral. Man könnte sagen, er ist der Wandervogel unter den Schmetterlingen.«

Im nächsten Moment hatte ein anderes Exemplar die Aufmerksamkeit des Mannes erregt. »Da, sehen Sie! Ein Schwalbenschwanz. Er zählt zu den schönsten europäischen Tagfaltern. Und gleich daneben flattert ein besonders seltenes Exemplar. Das ist ein großer Feuerfalter.«

»Sie kennen sich gut aus«, stellte ich fest.

»Oh, Pardon, ich habe mich Ihnen ja noch gar nicht vorgestellt. Mein Name ist Professor Jean Michael Hübner. Ich bin ein Ururenkel des großen Lepidopterologen Jean Baptiste Alphonse Dechauffour de Boisduval, der Anfang des

19. Jahrhunderts durch seine Forschung über die Schmetterlingsfamilie der Schwärmer eine gewisse Berühmtheit erlangte.«

Professor Hübner holte tief Luft, um seine Ausführungen fortzusetzen, aber ich unterbrach ihn. »Freut mich sehr, Sie kennenzulernen. Ich bin Juliane Baumann, aber alle nennen mich …«

»Jule«, kam er mir zuvor. »Ich weiß, wer Sie sind. Ihretwegen sind wir ja schließlich alle hier. Mich nennen sie im Dorf übrigens den Admiral, weil das mein Lieblingsschmetterling ist.«

»Sie sind also Schmetterlingsforscher«, fasste ich zusammen.

»Genau. Außerdem leite ich dieses wundervolle Institut. Sie können wirklich stolz darauf sein.«

»Ich? Wieso ich?«, fragte ich verwirrt. »Ich habe mit diesem … Institut doch gar nichts zu tun.«

Der Professor lächelte. »Und ob Sie etwas damit zu tun haben, Jule.« Er hob die Arme und deutete auf den Schmetterlingsschwarm. »Das da sind alles Sie! Ist das nicht großartig?«

»Was … wie? Ich … wie jetzt?«, stotterte ich. »Was soll das heißen?«

Sein Lächeln wurde breiter. »Das hier sind alles Ihre Schmetterlinge, Jule. Diese Falter sind ein Spiegel Ihrer Gefühle.«

»Ein Spiegel meiner Gefühle? Ich glaube, ich kann Ihnen nicht ganz folgen.«

»Was Sie hier gerade sehen, dieser farbenfrohe Tanz der

Schmetterlinge, das ist Ihre momentane Gefühlslage, ausgelöst durch die Rutschpartie, die Sie gerade hinter sich haben. Wie haben Sie sich dabei gefühlt?«

»Wie ein Kind, unbeschwert und glücklich«, antwortete ich.

»Sehen Sie. Deswegen strahlen die Schmetterlinge in solch prächtigen Farben. Das, was Sie da flattern sehen, das ist Ihr Glück, Jule.«

Die Vorstellung, dass die Schönheit, die mich gerade umgab, etwas mit mir selbst zu tun haben könnte, machte mich sprachlos.

»Ist das nicht großartig?«, wiederholte der Professor begeistert. »Und Sie selbst können das erschaffen! Es brauchte nur eine kleine Rutschpartie, um die Erinnerung an Ihre Leichtigkeit wachzurufen und Ihre Schmetterlinge zum Tanzen zu bringen.«

»So sieht es also in mir drin aus«, stellte ich beeindruckt fest.

Er nickte. »Allerdings nicht immer. Gefühle sind Energien. Sie kommen und gehen. Sie sind wie der Wind unter den Schmetterlingsflügeln. Ändern sich Ihre Gefühle, dann ändern sich auch die Farben und die Flugbahnen Ihrer Falter. Jetzt gerade fliegen und strahlen sie zwar in den wundervollsten Farbtönen …«, er unterbrach sich.

»Aber?«, fragte ich.

Nachdenklich wiegte er den Kopf hin und her. »Ehrlich gesagt ist es noch nicht so oft vorgekommen, dass Ihre Falter so aus dem Häuschen waren.«

Ich verstand nicht, worauf er hinauswollte.

»Wann waren Sie zuletzt so glücklich wie heute?«, fragte er schließlich und sah mich prüfend an.

Ich versuchte mich zu erinnern. »Ich weiß es nicht.«

»Wie fühlen Sie sich denn jetzt in diesem Moment?«

»Warum fragen Sie?«, erwiderte ich.

Er deutete auf den Raum, der sich nur ein wenig, aber doch spürbar verdunkelt hatte, weshalb plötzlich eine andere Atmosphäre herrschte.

Die Schmetterlinge wechselten allmählich ihre Farbe. Es gab nur noch vereinzelt goldene, silberne und in anderen hellen Tönen strahlende Falter. Die meisten nahmen nach und nach dunklere Töne an. Es war, als hätte sich ein Grauschleier über den Schwarm gelegt.

Der Anblick ließ mich erschrecken. Im selben Moment verdüsterten sich die Farben des Schwarms noch weiter, sodass er nun wie eine dunkle Regenwolke über uns im Raum hing.

»Was passiert hier?«, fragte ich ängstlich.

»Was geht Ihnen nur durch den Kopf?«, erwiderte der Professor beunruhigt. »Eben waren Sie doch noch so fröhlich. Wo ist denn plötzlich Ihre ganze Freude hin?«

»Was mache ich jetzt bloß, damit es nicht noch dunkler wird?«, fragte ich mit leiser Verzweiflung.

Prompt dunkelte der Schwarm noch weiter nach.

»Professor, bitte! Helfen Sie mir!«, rief ich leicht panisch und spürte, dass der dunkle Schwarm sich in eine tiefschwarze Wolke zu verwandeln drohte.

Der Professor legte beruhigend seine Hand auf meinen Arm. »Hier können wir Ihnen gerade nicht weiterhelfen,

Jule. Sie sollten Ihren Weg durch das Dorf fortsetzen. Dabei werden Sie Ihre Antworten finden.«

Er öffnete eine Tür, die direkt auf den Dorfplatz hinausführte, und nickte mir aufmunternd zu. »Cupido wartet schon auf Sie. Keine Angst. Ich weiß, Sie schaffen das.«

DAS MUSEUM DER DINGE

Was guckst du denn so traurig, Jule?« Cupido, der mich auf dem Dorfplatz in Empfang nahm, wirkte besorgt. »Alles okay mit dir?«

»Nein. Ich hab mir gerade große Sorgen um meine Schmetterlinge gemacht«, antwortete ich und steuerte auf eine weiße Bank zu, die sich neben dem Eingang des Nachbarhauses befand. »Ich muss mich kurz setzen, bevor es weitergeht. Nur ganz kurz.«

»Nur zu«, sagte Cupido. »Du kannst dich so lange ausruhen, wie du willst.«

»Geht gleich weiter«, erwiderte ich. »Ich muss nur etwas verschnaufen.«

»Hast du es eilig?«, fragte er.

»Haben wir nicht noch viel vor?«, wollte ich wissen und merkte, wie die Bank unter mir ein wenig nachgab. Ich verlagerte das Gewicht, weil sie offenbar ein kleines Stück im Boden eingesunken war. »Du kannst mir ja schon mal sagen, was wir als Nächstes machen.«

»Jetzt steht ein Besuch im Museum der Dinge an.«

»Aha. Und wo ist dieses Museum der Dinge?«, fragte ich ihn.

»Du sitzt genau davor«, antwortete er. »Die Bank ist für die Wartenden gedacht.«

»Aha. Und worauf warten wir?«

»Ich weiß es nicht. Du warst es, die sich auf die Bank gesetzt hat.«

»Müssen wir denn noch lange warten?« Ich spürte, dass die Bank noch ein Stück tiefer sank, und stand nun vorsichtshalber auf.

»Du bist ja ganz rastlos«, sagte Cupido. »Kein Wunder, dass deine Bank immer kleiner wird.«

Ich trat ein paar Schritte zurück und stellte erstaunt fest, dass mein gefiederter Freund recht hatte. Die Bank, auf der ich gerade noch gesessen hatte, war geschrumpft. »Wie ist das möglich?«

»Das wirst du drinnen im Museum selbst erfahren«, antwortete Cupido.

Ich betrachtete das Haus skeptisch. Es war schmal, aber hoch, mit einem spitzen Dach und völlig windschiefen kleinen Fenstern mit Butzenscheiben. Die Fassade glich der eines alten Fachwerkhauses. Insgesamt sah das Gebäude wenig einladend aus. Auf einer Seite der geschrumpften Bank stand ein winziger Rosenstrauch mit welken Blüten, der mir erst jetzt auffiel. Langsam ging ich auf die Eingangstür des Museums zu. Sie war nur angelehnt. Vorsichtig öffnete ich sie und lugte hinein. Ich konnte rein gar nichts erkennen, denn drinnen war es stockfinster.

»Du kommst mit rein, oder?«, fragte ich Cupido.

»Nein. Natürlich nicht. Wie soll ich denn im Dunkeln fliegen? Ich bin doch keine Eule.«

»Dann gehe ich da auch nicht rein. Ich habe sowieso keine Zeit mehr. Zu Hause wartet eine Menge Arbeit auf mich«, sagte ich trotzig und drehte mich entschlossen um.

Cupido lachte trällernd. »Verliere nicht dein Ziel aus den Augen, Jule. Mach dir klar, warum du hier bist und warum du es bis hierhin geschafft hast.«

Wieder hatte er den Nagel auf den Kopf getroffen. Denn beinahe waren meine Zweifel wieder stärker geworden als mein Wunsch nach Veränderung.

»Na gut.« Mutig machte ich einen Schritt nach vorn. Es war ein kleiner Schritt, aber er genügte. Ich konnte im Innenraum nun vage Umrisse wahrnehmen.

»Ich kann jetzt doch etwas sehen, Cupido!«, rief ich ihm zu.

»Siehst du, Jule, deine Zweifel haben dich blind werden lassen! Kaum weißt du, wohin du willst, kannst du auch schon wieder etwas erkennen!«

Ich hörte ihn wegflattern.

»Na prima«, dachte ich. »Er sagt ein paar kluge Sachen, und weg ist er.« Ich musste grinsen. »Ziemlich clever eigentlich.«

Vorsichtig versuchte ich mich zu orientieren. Auf der anderen Seite des Raumes war eine Tür zu erahnen. Ich sah den Türspalt, durch den spärliches Licht fiel. Langsam bewegte ich mich darauf zu.

Bei jedem Schritt hörte ich ein leises Klackern unter meinen Füßen, so als würde ich über einen Glasboden gehen. Der Untergrund fühlte sich irgendwie rutschig an.

Ich ging auf die Knie, um zu ertasten, was sich unter mir befand.

Langsam arbeitete ich mich auf allen vieren vorwärts. Meine Hände berührten einzelne Platten, die sich wie Kunststoff anfühlten und beweglich waren. Bei jeder Berührung wackelten sie und gaben nach. Ich drückte eine der Platten so tief hinunter, wie ich konnte.

Plötzlich wurde es taghell, und vor mir erschien ein gigantischer Bildschirm, auf dem übergroße Programmsymbole und Dateien zu erkennen waren. Ich wollte sie mir genauer ansehen, aber weil das Licht in meinen Augen schmerzte, senkte ich rasch den Blick.

»Oh mein Gott!«, hörte ich mich erschrocken sagen. »Was ist denn das?«

Einen Moment später begriff ich, wo ich war. Ich stand auf der riesengroßen Tastatur eines gigantischen Laptops und hatte gerade die Taste erwischt, mit der er eingeschaltet wurde. Zuvor war ich über die einzelnen Buchstaben gerutscht.

Ich versuchte mich aufzurichten und trat dabei auf die Ü-Taste. Der Bildschirm flimmerte. Ich brauchte drei große Schritte, um die P-Taste zu erreichen, obwohl sie direkt daneben lag.

Plötzlich vernahm ich hinter mir die mürrische Stimme eines Mannes. Eigentlich war es mehr ein schwerfälliges Ächzen. »Da bist du ja endlich.«

Ich erschrak und drehte mich abrupt zu ihm um. Im Licht des Computers erkannte ich eine gebückte Gestalt, die mit ihren abgewetzten Klamotten, einer offenbar selbst gemachten Nickelbrille aus Draht auf der Nase und Stulpen an den Armen aussah wie ein alter Bibliothekar. Sein Buckel verriet, dass er seit Jahren körperlich hart arbeiten musste. Er erinnerte mich ein wenig an eine Figur von Charles Dickens.

Nun sah ich auch, dass ich mich in einer Art Lagerhalle befand. An den Wänden lehnten riesenhaft vergrößerte Alltagsgegenstände. Überdimensional große Regale waren zum Bersten voll. Der Alte wirkte daneben beinahe zerbrechlich.

Dann fiel mir auf, dass es auch winzig kleine Dinge gab, die in Setzkästen aufbewahrt wurden oder achtlos liegen gelassen worden waren. Die Ordnung an diesem Ort ließ zu wünschen übrig. Auf manchen Gegenständen lag dicker Staub, der sich im Laufe der Jahre auch auf den Alten gelegt zu haben schien.

»Ich warte schon seit einer halben Ewigkeit auf dich«, murmelte er schließlich, schien aber wenig erfreut, mich zu sehen.

»Dieses ganze Zeug hier…«, er fuchtelte mit den Armen, um mir zu zeigen, dass er seine Sammlung meinte, »es wird immer mehr und mehr und mehr!« Er trat mürrisch gegen einen Aktenordner, der fast bis zur Decke reichte und nun bedrohlich zu wackeln anfing. »Seit über vierzig Jahren arbeite ich Tag für Tag in diesem Haus. Ich räume das ganze Zeug von einer Ecke in die andere. Nach oben und wieder nach unten. Raus und rein. Ich muss Dinge umräumen, weil sie plötzlich zu groß und zu schwer geworden sind. Eben erst habe ich etwas in ein Regal gestellt, und schon ein paar Tage später passt es nicht mehr hinein. Dann wieder werden große Dinge plötzlich so klein, dass ich darüber stolpere. Ich kann dir sagen, ich war hier schon ein paar Mal nahe dran, mir den Hals zu brechen.«

»Aha. Und was habe ich damit zu tun?«, fragte ich.

»Das ist ja wieder typisch«, schimpfte er müde. »Da legt man sich krumm und kriegt am Ende dafür auch noch dumme Bemerkungen. Schau selbst, wie du dich hier zurechtfindest, ich muss weiter umräumen.«

Mit diesen Worten schlurfte er nach nebenan, wo ich ihn klappern und rumpeln hörte.

Ich fragte mich, was er eigentlich gemeint hatte, und blickte mich um. Immer noch stand ich auf der Tastatur des Riesen-Laptops. An der gegenüberliegenden Wand lehnte ein mannshohes Tablettenröhrchen. Ich erkannte, dass es sich um eine Riesenvariante jener Tabletten handelte, die ich selbst seit einer Weile nahm, wenn ich nicht schlafen konnte. Neben dem Tablettenrohr stand ein Handy, das nicht nur den Rest der Wand einnahm, sondern hoch bis zur Hallendecke ragte, wo es mit der Dunkelheit zu verschmelzen schien.

Direkt vor mir auf dem Boden standen ein klitzekleines rotes Fahrrad, ein Strandkorb und Wanderschuhe in Puppengröße und ein winziges Paddelboot, außerdem ein Miniaturbett. Erstaunt stellte ich fest, dass es sich bei dem winzigen Bett um eine Nachbildung genau jenes Bettes handelte, das in unserem Schlafzimmer stand. Seltsam!

Auch die riesige und aus allen Nähten platzende Einkaufstasche in der anderen Ecke des Raumes kannte ich. Aus ihr quollen Kleider und Schuhe einer Modemarke hervor, die denen, die ich vor ein paar Tagen gekauft und nach Hause getragen hatte, erstaunlich ähnlich sahen.

Während ich noch versuchte, aus der Sammlung all dieser Gegenstände schlau zu werden, hörte ich die schlurfenden Schritte des alten Mannes, der nun zurückkehrte.

»Sehe ich es richtig, dass in diesem Haus Dinge aus meinem Leben ausgestellt sind? Aber warum sind sie winzig klein oder riesengroß?«

Der Alte sah mich nur mürrisch an.

»Bitte sagen Sie es mir«, bat ich. »Ich wollte Ihnen gerade nicht zu nahe treten. Es ist nur so, dass mir in diesem Dorf vieles fremd ist.«

Er überlegte kurz, dann nickte er verständig. »Das hier ist das Museum deiner Dinge. Und ich bin Gustav, der Museumswärter. Jeder Mensch hat ein solches Museum. Die vielen kleinen und großen Gegenstände, die uns im Leben etwas bedeuten oder bedeutet haben, sind dort ausgestellt.«

»Verstehe. Und warum sind sie groß oder klein?«

»Deine Gedanken und Gefühle bestimmen die Größe der Gegenstände, die du besitzt. Was dir im Leben wichtig ist, worauf du dich konzentrierst und wie viel Zeit du jeweils mit etwas verbringst, entscheidet darüber, ob die Gegenstände wachsen oder schrumpfen.«

Er bückte sich und hob etwas vom Boden auf. Es war ein winziger Plattenspieler, nicht größer als eine Walnussschale, dennoch erkannte ich ihn sofort. Früher hatten Stefan und ich abends oft zusammen Musik gehört, manchmal sogar dazu getanzt. Aber auch dieses Ritual war uns abhandengekommen, und der alte Plattenspieler staubte nun im Keller vor sich hin.

Der Museumswärter hielt mir das winzige Gerät entgegen. »Der hier war mal riesengroß. Aber dann ist er so klitzeklein geworden, dass ich gerade versehentlich fast draufgetreten wäre. Dein Laptop und dieser Aktenordner werden hingegen immer größer. Bald werden sie den ganzen Raum einnehmen.«

»Und das passiert, wenn gewisse Dinge meine Gedanken und Gefühle beherrschen?«, versuchte ich zu verstehen.

»Deine Gedanken und Gefühle und damit fast dein ganzes Leben«, bestätigte Gustav. »Sieh dir nur mal das Bett an. Es ist so winzig, dass man denken könnte, du kommst überhaupt nicht mehr zur Ruhe.«

»Nicht nur das«, dachte ich. Früher hatten Stefan und ich am Wochenende manchmal im Bett gefrühstückt, gelesen und geplaudert. Dieses Ritual fehlte uns inzwischen ebenso wie der gemeinsame Sex oder wenigstens gelegentliche Zärtlichkeiten. Während ich immer mehr gearbeitet hatte, hatte die Beziehung zu meinem Mann immer weniger Raum eingenommen. Vielleicht war sie längst auf die Größe dieses Mini-Bettes geschrumpft.

»Ich leide unter Schlaflosigkeit«, erklärte ich Gustav ausweichend.

»Und deshalb verzichtest du auch auf all die schönen Dinge, die dich glücklich machen? Hier …«, er hob die kleinen Wanderschuhe und den Strandkorb hoch, »du gönnst dir kaum noch Ruhepausen.«

Ich blickte ihn entgeistert an.

»Und statt dich auszuruhen, nimmst du diese Dinger da...« Er zeigte auf das überdimensional große Tablettenrohr. »Wenn du so weitermachst, wird irgendwann eines dieser Dinge durchs Dach wachsen. Höchste Zeit also, dass du dich mal wieder um andere Sachen kümmerst.«

Mit diesen Worten hob er auch das kleine rote Fahrrad vom Boden auf und reichte es mir.

Ich war entsetzt darüber, was der alte Mann mir da an den Kopf warf.

»Das alles hier ist mein Leben?«, fragte ich ihn ungläubig.

Er nickte. Nachdenklich betrachtete ich das kleine rote Fahrrad und erinnerte mich an die vielen schönen Radtouren, die ich mit Stefan und auch mit meinen Freundinnen früher gemacht hatte.

»Sah es denn hier mal anders aus?«, fragte ich Gustav.

»Sah es denn in *dir* mal anders aus?«, erwiderte er prompt.

Ich war verunsichert. »Ich glaube schon. Stefan und ich haben uns früher viel Zeit für unsere Tochter genommen und trotzdem noch Zeit füreinander gehabt. Manchmal sind wir mit unseren Fahrrädern unterwegs gewesen oder in ein hübsches Hotel in die Berge gefahren. So hatten wir ein bisschen Zweisamkeit abseits des Elterndaseins. Das hat uns und unserer Liebe gutgetan. Und mit meinen Freundinnen Katja, Mimi und Madelaine habe ich viele große Fahrradtouren gemacht. Ich erinnere mich an eine wunderschöne Tour entlang der Mosel. Rechts der Fluss, links die hohen Weinberge. Abends kehrten wir auf Winzerhöfen ein und probierten die heimischen Weine. Müde von der vielen Bewegung und der frischen Luft sowie leicht angeheitert, fielen wir glücklich in die Betten. Am nächsten Morgen ging es sofort nach dem Frühstück weiter. Es war herrlich!«

Während ich darüber sprach, waren mir die damaligen Ereignisse so präsent, als würde ich sie gerade erleben. Das Fahrrad, das ich noch immer in der Hand hielt, vergrößerte sich plötzlich wie von Zauberhand, und ich musste es abstellen, weil es mir zu schwer wurde.

Gustav grinste, während ich aus dem Staunen gar nicht mehr herauskam.

»Es funktioniert tatsächlich. Ich kann Dinge verändern und die Gegenstände in diesem Museum größer werden lassen, allein dadurch, dass ich daran denke«, jubelte ich.

»So einfach ist es nun auch nicht«, bremste mich der alte Mann. »Es geht nicht nur ums Denken, sondern auch ums Fühlen und dann ums Umsetzen. Du musst dich in die Situation vertiefen. Sie sehen, riechen, schmecken, fühlen - das heißt, sie erleben und dann neu einordnen. Nur wenn du eine klare Vorstellung davon hast, räumst du ihr in deinem Leben genügend Platz ein.«

Er sah sich prüfend um, dann deutete er mit einer Kopfbewegung zu dem Tablettenrohr an der gegenüberliegenden Wand. »Sieh an, das Ding ist kleiner geworden. Wundert dich das?«

»Nein. Ich habe die Pillen damals während der Fahrradtour nicht gebraucht«, erwiderte ich. »Nach so viel Bewegung an der frischen Luft konnte ich abends immer gut einschlafen. Bei den Bergwanderungen mit Stefan und Tilda war das genauso. Und an den Wochenenden habe ich mich früher auch meistens leicht und entspannt gefühlt statt abgekämpft und müde.«

»Weißt du, warum das so war?«

Ich zuckte mit den Schultern. »Vielleicht stand ich früher nicht so unter Druck wie in den letzten Jahren.«

»Obwohl du nicht nur deinem Beruf nachgegangen bist, sondern dich zudem noch um Tilda gekümmert hast?«

»Ja. Ich habe das alles gern gemacht… und vielleicht kann man sowieso besser mit Stress umgehen, wenn man jung ist.«

»Machst du deine Arbeit denn heute nicht mehr gern?«

»Doch, schon, aber es strengt mich alles mehr an oder fällt mir schwerer.«

»Hast du das Gefühl, du bist alt?«, fragte der alte Mann.

»Manchmal. Früher habe ich mir jedenfalls nicht so viele Gedanken darüber gemacht, wie ich mir meine Zeit einteilen sollte. Irgendwie hat mein Leben besser in meinen Kalender gepasst. Aber damals hatte ich auch noch das Gefühl, unendlich viel Zeit vor mir zu haben. Ich glaube, man macht sich insgesamt nicht so viele Gedanken, wenn man jung ist.«

Mein Blick fiel auf das winzige Ehebett. Wie viel wusste ich momentan überhaupt von Stefans Problemen und dem, was ihn beschäftigte? Ich spürte, wie klein wir als

Paar in meinem Leben geworden waren. Und das machte mich tieftraurig.

»Ich fühle mich total überfordert«, gestand ich leise. »Wie kann ich dieses Chaos hier ordnen? Es gibt so viel zu tun. Ich weiß gar nicht, wo ich anfangen soll.«

Der Alte nickte bedächtig. »Du kannst mir meine Arbeit um einiges erleichtern, wenn du dich jeden Tag aufs Neue fragst, wie viel Platz du welchen Dingen in deinem Leben einräumen willst. Suche das Gleichgewicht. Und mach dir bewusst, dass du den Raum jederzeit neu ordnen kannst, indem du die übergroßen Dinge kleiner machst und die kleinen Dinge wachsen lässt.«

Seine Worte besorgten mich. Ich wusste nicht, ob ich das wirklich schaffen würde. Einfach so aus dem Trott ausbrechen, gegen alle inneren und auch äußeren Widerstände. Ich zweifelte, ob ich so stark war.

»Du hast Angst«, stellte er fest.

»Ein bisschen«, gab ich zu.

»Und immer, wenn du Angst hast, flüchtest du dich in die Arbeit«, fuhr er fort.

»Sieht man mir das an?«, fragte ich.

»Das nicht«, erwiderte er. »Aber man sieht es deinen Dingen an.«

Er deutete mit dem Kopf in Richtung des an der Wand lehnenden Smartphones, das innerhalb der letzten Minuten rasant zu wachsen begonnen hatte. Dasselbe war auch mit dem übergroßen Laptop passiert, auf dessen Tastatur ich immer noch stand.

»Du solltest dich beruhigen, Jule. Wenn du so weitermachst, dann wird das Haus über uns zusammenbrechen.«

Wie zur Bestätigung war nun ein lautes Knirschen zu hören, ausgelöst durch das noch immer wachsende Smartphone und den größer werdenden Computer, der die Seitenwände des Hauses langsam auseinanderdrückte.

»Aber wie soll das gehen?«, rief ich verzweifelt.

Ich sah das neben mir liegende rote Fahrrad, das inzwischen wieder winzig klein geworden war. Ich nahm es in die Hand, betrachtete es und versuchte mich an das Gefühl zu erinnern, das ich früher gehabt hatte, wenn ein leichter Sommerwind auf einer abschüssigen Straße mit meinen Haaren gespielt hatte. Ein gutes Gefühl. Ein Moment absoluter Leichtigkeit.

Das Knirschen erstarb urplötzlich, und ich sah den Alten an.

»Habe ich es geschafft?«, fragte ich ihn ängstlich. »Haben Handy und Laptop aufgehört zu wachsen?«

Der alte Mann nickte. »Wie du siehst, kannst du dich dagegen wehren, dass die Dinge dich zu erdrücken drohen.«

»Und wenn die Angst wiederkommt?«, fragte ich unsicher.

»Dann musst du mit ihr reden«, erwiderte der Alte.

Verständnislos schüttelte ich den Kopf. »Ich soll mit meinen Ängsten reden? Wie soll das gehen?«

»Du warst also noch nicht im Glockenturm«, stellte er fest.

Ich spürte, dass mich das Gespräch immer mehr in Panik versetzte. Ein falscher Gedanke von mir konnte offenbar das ganze Museum zum Einsturz bringen. Dennoch versuchte ich mich gedanklich wieder dem alten Mann zuzuwenden und antwortete ihm: »Nein. Was denn für ein Turm?«

»Dann wird's aber Zeit«, sagte er lediglich, und im selben Moment war von draußen Glockengeläut zu hören.

Gustav grinste. »Siehst du? Sie rufen schon nach dir.«

Wieder verstand ich nur Bahnhof. »Wer ruft nach mir?«

»Na, deine Angsthasen.«

DER GLOCKENTURM DER ANGST

Die Glocken wurden immer lauter. Und je lauter sie wurden, desto größer wurde meine Angst. Das nervenaufreibende Gebimmel hallte über das ganze Dorf hinweg. Ding! Dong! Ding! Dong! Ding! Dong!

Während ich mich im Museum aufgehalten hatte, war ein Unwetter aufgezogen, und es schüttete wie aus Eimern. Cupido kam angeflogen. Seine kleinen Flügel kämpften gegen den starken Regen an.

»Schnell, Jule! Die Glocken! Beeil dich! Die Hasen sind in heller Aufregung! Nur du kannst dafür sorgen, dass das aufhört!«, drängte er mich.

Ohne Fragen zu stellen, folgte ich ihm. Vom Regen vollkommen durchnässt, erreichten wir den hohen Glockenturm. Er stand auf der linken Seite des Dorfeingangs, gegenüber von Madames Haus. Seine Mauern waren aus Sandstein gebaut. Das Läuten war so unerträglich laut, dass es in den Ohren schmerzte. Ich hielt sie mir zu und betrat das Innere des Turms durch eine kleine Stalltür, deren obere Hälfte geöffnet war. Wenigstens war ich nun vor dem Regen geschützt.

Ich sah mich um. Fenster gab es zwar keine, aber einige

Luken, die spärliches Licht in den Innenraum hineinließen. Ich staunte nicht schlecht. Überall waren Hasen! Es wimmelte nur so von ihnen - es gab dicke, dünne, kleine, große, schwarze, weiße, braun melierte, schwarz-weiße und braun-weiß gescheckte Hasen. In dem großen Rondell des Turms hoppelten sie panisch hin und her.

Einige von ihnen hatten seltsamerweise eine Art Körper-Pyramide gebaut. Die untersten bildeten die Basis, auf ihren Schultern stand eine weitere Gruppe von Hasen, auf deren Schultern sich wiederum andere Hasen gruppierten. So ging es viele Etagen aufwärts. Die obersten Hasen auf der Pyramide erreichten schließlich ein Seil, das von oben herabbaumelte und durch eine Radmechanik mit mehreren Glocken verbunden war.

Manche der Hasen waren von der Pyramidenspitze aus direkt ans Seil gesprungen und daran hochgeklettert. Mit vereinten Kräften zogen sie am Seil, wodurch die Glocken hin- und herschwangen und dabei einen Riesenlärm machten.

Inmitten dieses ganzen Tumults erblickte ich einen Mann, der aufgeregt zwischen den Hasen umherlief und auf sie einredete. Er war mittleren Alters, von kleiner und eher kompakter Statur und hatte muskulöse Arme sowie eine Glatze. Der Mann, der mich an einen Ringer erinnerte, schien bemüht, die Situation in den Griff zu bekommen, aber offenbar waren seine Anstrengungen vergeblich.

Die Lautstärke und der Ton der Glocken schmerzten unerträglich in meinen Ohren. Ich spürte erneut Panik in mir aufsteigen. Wie konnte man diesen Lärm nur abstellen? Man verstand ja sein eigenes Wort nicht mehr.

Cupido hatte sich auf meine Schulter gesetzt und der Lautstärke wegen seinen kleinen roten Schopf in meinen Haaren vergraben. Wegfliegen ging nicht, da der Regen inzwischen noch stärker geworden war.

Nun entdeckte mich der Mann. Hektisch kam er auf mich zugelaufen.

»Gott sei Dank, du bist da!«, schrie er, um die Glocken zu übertönen. »Du musst mit ihnen reden!«

»Ich soll ... was?«, brüllte ich zurück.

»Du musst mit ihnen REDEN!«, schrie er so laut, dass seine Stimme sich überschlug. Dem starken Mann schien die Kraft auszugehen.

»Reden? Mit wem denn ... REDEN?«, schrie ich zurück.

»Mit den H-A-S-E-N!«

Er bemerkte offensichtlich meinen konsternierten Blick und fügte hinzu: »Frag nicht weiter, tu es einfach! Ich erkläre dir alles hinterher.« Während er sprach, fuchtelte er wild mit seinen Armen, als wolle er jedes seiner Worte gestisch untermalen.

»Aber was soll ich den Hasen denn sagen?«, hakte ich schreiend nach.

»Sag ihnen, dass sie sich beruhigen können. Alles wird gut! Ja, geh zu ihnen und sag ihnen, dass du sie siehst und hörst und ihnen erlaubst, jetzt eine Pause zu machen! Okay?« Er sah mich flehentlich an »Bitte. Tu es einfach! Es wird sonst immer schlimmer.«

Dann wartete er nicht länger ab, sondern packte mich

am Handgelenk und zog mich ins Hasengetümmel hinein. Im Nu stand ich mittendrin.

Wild und ungestüm sprangen die Hasen an meinen Beinen hoch. Ich spürte ihre Angst, und vor allem spürte ich auch meine eigene. Trotzdem nahm ich meinen ganzen Mut zusammen, schob die Angst beiseite und schrie, so laut ich konnte: »STOOOOPP!«

Mir schien, dass ich damit selbst die schrillen Glocken übertönt hatte.

Und tatsächlich zeigte mein Ruf Wirkung.

Alle Hasen verharrten genau dort, wo sie gerade waren, und starrten mich überrascht an. Auch das Glockengebimmel wurde abrupt leiser und verstummte allmählich, bis schließlich Ruhe eintrat.

Bewundernd sah mich der Mann an und grinste breit. Er hatte ein gutmütiges rundliches Gesicht mit roten Wangen. »Das hast du aber gut gemacht! Ganz schön mutig von dir. Gratuliere!«

Er streckte mir seine muskulöse Hand entgegen. »Ich bin Freddy, ich kümmere mich hier um die Hasen!«

»Freut mich, ich bin Jule«, sagte ich, erleichtert darüber, dass sich der Tumult gelegt hatte, und reichte ihm die Hand. In der Zwischenzeit war auch Cupido wieder aus meinen Haaren hervorgekrochen. Gespannt verfolgte er die Situation von meiner Schulter aus.

Im nächsten Moment hob Freddy die Arme wie ein Raubtierdompteur. »Okay!«, rief er, »alle Angsthasen zu mir!« Wieder wimmelte es um uns herum nur so von Hasen.

»Habe ich das eben richtig verstanden? Das alles hier sind Angsthasen?«, fragte ich ihn nun.

»Ja, das sind alles deine Angsthasen!«

»Das sind aber ganz schön viele«, stellte ich erstaunt fest und schätzte, dass es sich um etwa hundert Hasen handeln musste.

»Jeder Hase ist eine Angst von dir«, erklärte Freddy. »Aber sie gehen dir nicht nur auf die Nerven so wie gerade eben, sondern sie passen auch alle auf dich auf.«

»Wie soll das denn gehen?«

»Sie machen dich auf Themen oder auf Dinge aufmerksam, die du genauer hinterfragen solltest.«

Freddy zeigte auf ein besonders prachtvolles Exemplar, das sich schwerfällig auf uns zubewegte. Sein Fell schimmerte schwarz, und beide Ohren hingen schlaff herab. Der Hase machte den Eindruck, als sei er vollkommen erschöpft.

»Schau mal, dieser gehört zu den Hasen, die sehr oft im Einsatz sind.« Mitleidig betrachtete er das abgekämpfte Tier, dann sah er mich an. »Wovor hast du am meisten Angst, Jule?«

»Ich schlafe seit Wochen schlecht. Mich quälen so viele Gedanken. Und außerdem habe ich das Gefühl, dass ich nicht mehr genüge. Weder im Büro noch zu Hause. Ich kann diesen immer stärker werdenden Fantasien nichts entgegensetzen. Nacht für Nacht wird es schlimmer. Mein Vertrauen in mich selbst ist irgendwie verloren gegangen.«

Ich sah, wie der erschöpfte schwarze Hase bei meinen

Worten unruhig wurde. Er begann nervös hin und her zu hoppeln, während bei mir angesichts der Erinnerung an meine schlaflosen Nächte ebenfalls eine ängstliche Unruhe aufkam.

»Das ist der Angsthase deines Selbstwertgefühls. Du hast Angst davor, wertlos zu sein, nicht wahr? Und wenn du daran denkst, dann reagiert auch dieser Angsthase. Siehst du? Er spiegelt deine Ängste!«

»Was soll ich denn jetzt machen?«, fragte ich Freddy.

»Wende dich ihm zu, beruhige ihn. Streichle sein Fell! Und sage ihm, dass du seine Warnung und das, was er zu sagen hat, hörst und dass alles gut wird.«

Ich tat, was Freddy mir empfohlen hatte. Ich beugte mich langsam zu dem schwarzen Hasen hinunter und hob ihn dann vorsichtig hoch. Ich spürte seinen kleinen, vor Aufregung bebenden Körper und sein zartes, flauschiges Fell und begann, mit meinen Händen ruhig und sanft seinen Rücken zu streicheln. Leise flüsterte ich ihm zu: »Alles wird gut. Hab keine Angst. Du wirst sehen, alles wird gut, kleiner Angsthase.«

Ich nahm deutlich wahr, wie der Hase in meinen Händen immer ruhiger wurde, bis er sich schließlich völlig entspannte.

»Puh, das ist noch mal gut gegangen!«, rief ich erleichtert und gleichzeitig erfreut darüber, dass es mir gelungen war, meinen Hasen zu beruhigen.

Freddy lächelte. »Wie fühlt sich das an?«

»Es beruhigt auch mich«, stellte ich verblüfft fest.

»Genau. Du konzentrierst dich in diesem Moment nicht

darauf, deine Ängste mit noch mehr negativen Gedanken zu füttern, sondern darauf, deinen Angsthasen zu beruhigen. Danach kannst du dir in Ruhe anschauen, was die Angst dir sagen will. Ob sie dich warnen oder dich vielleicht auf etwas aufmerksam machen will.«

»Was wäre denn passiert, wenn ich ihn nicht hätte besänftigen können?«

»Der arme Kerl ist einer der Rädelsführer«, erklärte Freddy. »Sobald du Angst bekommst, wertlos zu sein, wird er aktiv. Und je mehr du dich in deine Angst hineinsteigerst, und zwar durch deine eigenen negativen Gedanken, umso unruhiger wird er und alarmiert dann seine ganze Bande. Durch Fantasien entstehen weitere Fantasien, und das schürt noch mehr Ängste, sodass weitere Angsthasen hinzukommen. Die stellen sich dann zu einer Pyramide auf, bis die obersten am Seil hängen und deine Alarmglocken läuten.«

Er winkte einen weißen Hasen zu sich heran, der bräsig an einer Möhre gemümmelt hatte und so dick war wie der schwarze Hase. Seine Ohren waren nach unten geknickt und zeigten in verschiedene Richtungen. »Das ist der Chef deiner Versagens-Angsthasen. Auch sie werden durch deine negativen Fantasien gefüttert.« Er nahm den Hasen auf den Arm und streichelte ihn liebevoll.

Ich betrachtete das Tier nachdenklich. Freddys Worte erinnerten mich an verschiedene Situationen im Büro. Dort hatte ich in den letzten Wochen oft das Gefühl gehabt, den Ansprüchen nicht mehr gewachsen zu sein.

Plötzlich wurde der Hase aktiv, sprang von Freddys Arm

herab und flitzte aufgeregt herum. Sofort schloss sich ihm ein halbes Dutzend kleiner weißer Hasen an.

Erstaunt blickte Freddy mich an. »Was ist denn jetzt los?«

»Ich habe nur kurz an meine Arbeit gedacht«, erwiderte ich. »Ich habe Angst, den Job zu verlieren, und scheinbar hat er sofort darauf reagiert und seine Hasenbande aktiviert!«

»Mit Sicherheit. Und dein Existenz-Angsthase ist ebenfalls in heller Aufregung und wird gleich seine Gruppe dazuholen.« Freddy zeigte auf einen dicken Hasen mit braunem Fell. Er war gerade dabei, sich aus dem Kreis vieler kleiner brauner Angsthasen zu lösen, um anschließend aufgeregt mit dem weißen hin- und herzuspringen.

»Was geht dir sonst noch durch den Kopf?«, wollte Freddy wissen.

Nach kurzer Überlegung antwortete ich: »Wenn ich Angst habe, meinen Job zu verlieren, geht es manchmal so weit, dass ich befürchte, bald alles zu verlieren. Meine Existenz, mein Hab und Gut, meine Tochter, meinen Mann Stefan ... Am Ende lande ich in meinen düsteren Vorahnungen dann sogar einsam und verarmt irgendwo unter einer Brücke.«

In dem Moment, als ich Stefan erwähnte, fiel mein Blick zufällig auf einen besonders drahtigen Hasen mit braun meliertem Fell. Er saß mit gespitzten Ohren in Habachtstellung da, beobachtete wachsam alle anderen Angsthasen-Anführer und war kurz davor, ebenfalls loszusprinten.

»Das ist dein Verlust-Angsthase!«, erklärte Freddy. »Er

steht den ganzen Tag unter extremer Anspannung. Bereit, in jedem Moment zum Einsatz zu kommen. Wahrscheinlich schwirrt er oft in deinen Gedanken umher.«

Ich seufzte. »Stefan und ich hatten Streit. Was folgte, war wieder eine von diesen typischen schlaflosen Nächten, in denen ich von Ängsten geplagt werde.«

»Aha. Und was denkst du in so einer Nacht genau?«, fragte Freddy neugierig.

Ich sah, dass er die Hasen fest im Blick hatte, um jeden Moment reagieren zu können, falls sie sich zu einer Pyramide aufstellen würden.

»Ich denke in solchen Momenten, dass Stefan mich nicht mehr liebt. Dann bin ich plötzlich hellwach, und ein negativer Gedanke jagt den anderen. Ich sage mir dann zum Beispiel: ›Ich bin zu alt, nicht mehr attraktiv genug, nicht mehr liebenswert. Weil ich so oft gereizt bin, hat Stefan bestimmt eine Jüngere. Ich verliere meinen Job. Stefan lässt sich von mir scheiden. Tilda verliere ich bestimmt auch, weil sie mit der Trennung nicht klarkommt…‹« Ich seufzte. »Diese Aufzählung könnte ich endlos fortsetzen.«

Alle Hasen sprangen mittlerweile schon wieder wild herum. Einige begannen sogar, eine neue Pyramide zu formen.

»Wir müssen etwas tun«, rief ich ängstlich. »Sonst geht gleich alles wieder von vorn los.«

Die Hasen bewegten sich immer schneller und kletterten bereits in die Höhe, um schon bald die Alarmglocken läuten zu lassen.

Freddy sah mich aufmerksam an. »Hast du dich jemals gefragt, ob diese Gedanken und Ängste ihre Berechtigung haben?«

»Nein«, murmelte ich erstaunt, »das habe ich mich noch nie gefragt.«

»Wenn die Ängste kommen, schau sie dir an«, fuhr Freddy fort. »Wollen sie dich warnen? Wollen sie dich auf etwas aufmerksam machen, das du überprüfen solltest? Oder gestehst du ihnen vielleicht zu viel Macht über dich zu?«

»Das klingt kompliziert«, erwiderte ich hilflos.

»Du fühlst dich wertlos?«

»Ja, schon. Manchmal«, antwortete ich nach kurzem Zögern.

»Wenn dein Verlust-Angsthase auftaucht und dir das Gefühl gibt, dass du wertlos und nicht liebenswürdig bist, dann solltest du auf ihn zugehen. Trete in einen Dialog mit ihm. Frage ihn, was er dir sagen will. Prüfe aus dem gegenwärtigen Moment heraus, ob seine Behauptungen überhaupt zutreffen. Glaubst du ihm einfach blind? Oder bist du dir sicher, dass er recht hat? Lässt du dich vielleicht von einem vagen subjektiven Gefühl täuschen? Gibt es überhaupt irgendeinen Hinweis darauf, dass du wertlos bist? Wenn du das alles für dich geklärt hast, solltest du deine Aufmerksamkeit neu ausrichten und in die entgegengesetzte positive Richtung schauen.«

»Wie soll ich das denn machen?« Ich wollte Freddys Rat gerne annehmen, bezweifelte allerdings, ob es mir gelingen würde, seine Vorschläge umzusetzen.

»Wann und wo hast du dich in der letzten Zeit wertvoll gefühlt?«, wollte er nun wissen.

Ich schwieg. »Keine Ahnung!«

Ich fühlte mich total überfordert, vor allem bei dem Anblick der Hasen, die sich weiter wie wild formierten.

»Mit den negativen Gedanken gibst du den Angsthasen Energie. Du musst lernen, sie zu steuern«, versuchte Freddy weiter auf mich einzuwirken. »Beruhige zuerst deinen Hasen, bevor er die anderen Tiere aus der Gruppe weiter anstachelt. Streichle ihm sanft über das Fell und schicke ihn dann in sein Team zurück. Danach kannst du dir Zeit dafür nehmen, eine Antwort zu finden. Du siehst ja, was passiert, wenn du es nicht tust und dich deinen Ängsten hingibst.« Er zeigte zum Turm hinauf, wo die obersten Hasen dem Glockenseil wieder bedrohlich nahe gekommen waren. »Gleich schlagen sie Alarm.«

»Meine Gedanken sind tatsächlich seit geraumer Zeit überwiegend auf das Negative in meinem Leben ausgerichtet«, antwortete ich rasch. »Ich hänge fest in dieser Gedankenspirale.«

»Und genau deswegen taucht immer wieder eine Angst nach der anderen auf«, schlussfolgerte Freddy. »Manchmal ist es, wie gesagt, gut, wenn die Angsthasen kommen. Sie rütteln auf. Sie wollen dich schützen. Allerdings solltest du lernen, einen Gegenpol zu setzen, und dich ihnen nicht einfach ohnmächtig hingeben.« Freddy hielt kurz inne. Nachdem er einen prüfenden Blick auf die Hasenpyramide geworfen hatte, fügte er hinzu: »Du glaubst also, Stefan liebt dich nicht mehr?«

»Ja. Das denke ich öfter«, flüsterte ich und spürte, wie der Gedanke mir einen Stich ins Herz versetzte.

Freddy blickte mich anteilnehmend an. »Der Angsthase wird aktiv, weil du deine Beziehung zu Stefan überprüfen solltest. Wann hat er dir das letzte Mal etwas Nettes gesagt? Wie verhältst du dich ihm gegenüber? Wann hattet ihr schöne Momente miteinander?«

Ich überlegte. Es stimmte. Ich hatte meine Ängste eigentlich nie hinterfragt, sondern sie als gegeben hingenommen und ihnen die Macht über mich überlassen. Ich hatte mich ihnen untergeordnet und mich ihnen hingegeben.

Plötzlich dachte ich an die glückliche Zeit, die wir mit Tilda erlebt hatten. Und mir kam der Moment in den Sinn, als sie in das Flugzeug gestiegen war und uns beide in unserem Leben zurückgelassen hatte. Verloren hatten wir auf der Dachterrasse des Flughafens gestanden und dem Flugzeug hinterhergeblickt.

Ich spürte es mit einem Mal so deutlich, als würde es gerade erst passieren: Stefans Hand, die nach meiner Hand griff. Ganz vorsichtig. Ich sah ihn an und bemerkte in seinen Augen eine Mischung aus Stolz und Angst. Stolz auf das, was wir gemeinsam geschafft hatten – wir hatten unsere wunderbare Tochter Tilda großgezogen, die wir nun in ihr Leben entließen –, und Angst vor dem, was kommen würde. Dieser Augenblick war erfüllt von einer innigen Liebe zwischen uns.

Auch danach gab es immer wieder solche kurzen kleinen Momente der Nähe, in denen ich spürte, dass uns vielleicht nicht mehr dieselbe Liebe wie früher verband, dafür aber etwas viel Tiefergehendes: ein wiederholtes Versprechen, das wir einander innerlich immer wieder gaben, ohne es aussprechen zu müssen.

Je mehr ich mich jedoch auf meine Ängste konzentrierte, mich ihnen auslieferte und ihnen freien Lauf ließ, desto unzufriedener wurde ich. Ich stellte Vergleiche zu früher an, Vergleiche mit anderen Paaren oder mit anderen Frauen, suchte nach Beweisen für Stefans Zuneigung und sein Begehren.

Durch meine Ängste verlor ich den Blick für das Wesentliche, und dabei kam mir Stück für Stück auch mein Selbstwertgefühl abhanden. Alles, was die Menschen mir zu geben bereit waren, war mir zu wenig. In allen Lebensbereichen war ich zutiefst verunsichert, weil meine Ängste überall nach Bestätigung suchten.

Freddy riss mich aus meinen Gedanken, als er mich anstupste und ich ihn sagen hörte: »Jule, das musst du dir anschauen! Deine Hasen bauen ihre Pyramide wieder ab. Sie haben sich beruhigt!«

»Ich habe mich gerade an Stefans und meine Liebe erinnert und festgestellt, dass es ein tiefes Band zwischen ihm und mir gibt, auf das ich vertrauen kann.«

»Siehst du, wenn du die Angst hinterfragst, sie überprüfst und ihr nicht blind folgst, dann können sich deine Angsthasen auch wieder beruhigen. Du hast es in der Hand, sie so früh wie möglich zu besänftigen. Es wird schwerer, je höher du die Pyramide werden lässt. Und wenn die Alarmglocken erst einmal läuten, dann ist der Lärm kaum auszuhalten.«

Ich ging zu einem meiner braun melierten Verlust-Angsthasen und nahm ihn auf den Arm. Ich spürte seine angespannten Muskeln, das nervöse Zucken seiner Läufe. Er war bereit, sofort loszusprinten. Aber ich merkte auch, dass er sich in meinen Armen rasch entspannte. Ich streichelte ihn sanft und drückte mein Gesicht in sein weiches, warmes Fell.

»Du machst das wirklich gut, Jule«, lobte mich Freddy. »Ich glaube, ich kann dich jetzt hier mal eine Weile allein lassen und mir eine wohlverdiente Pause gönnen. In ein, zwei Stunden bin ich wieder da, okay?«

»Ein, zwei Stunden? Was soll das heißen?«, protestierte ich und spürte rasch Panik in mir aufsteigen. Sofort begann der Hase in meinen Armen wie wild zu zucken. Im nächsten Moment sprang er mit einem großen Satz davon und raste wie wild durch den Turm.

»Jule, was ist denn los?«, fragte Freddy bestürzt, während meine Angsthasen wie von Sinnen umherjagten und damit begannen, sich zu einer neuen Pyramide zu gruppieren.

»Ich kann das nicht!«, rief ich verzweifelt. »Tut mir leid, Freddy, aber ich muss an die frische Luft. Was ich hier gerade erlebt habe, ist mir einfach etwas zu viel. Und mir ist auch nicht klar, wie ich deine Ratschläge in meinem Leben umsetzen soll. Ich muss darüber nachdenken.«

»Schon okay, Jule«, sagte Freddy verständnisvoll und warf einen besorgten Blick auf die hektischen Hasen. »Geh dir ein bisschen die Beine vertreten, dann sieht die Welt schon wieder anders aus.«

Ich blickte mich nach Cupido um. Wo war er? Anscheinend hatte er sich, ohne dass ich es gemerkt hatte, einfach aus dem Staub gemacht.

Ich lief nach draußen, um nach ihm Ausschau zu halten. Das Wetter war wie ausgewechselt. Der Himmel war klar und wolkenlos, und die Luft roch nach feuchter Erde. Hier und da erinnerten große Pfützen an das Unwetter.

Wie lange war ich im Glockenturm gewesen? Während ich noch darüber nachdachte, entdeckte ich Cupido auf einem Gartenzaun in der Nähe des großen Baumes auf dem Dorfplatz. Er putzte sich und ließ sein Gefieder von den warmen Sonnenstrahlen trocknen.

»Sitzt du schon lange hier? Ich habe gar nicht bemerkt, dass du weggeflogen bist.«

»Ich weiß. Du hast dich auch sehr lange bei Freddy und den Hasen aufgehalten. Wie geht es dir denn jetzt?« Er blickte mich etwas besorgt an.

»Keine Ahnung. Ich bin total durcheinander. Ich habe jegliches Gefühl für Raum und Zeit verloren und weiß nicht einmal, ob es Morgen oder Abend ist.« Ich seufzte. »Außerdem ist meine Sehnsucht nach Stefan und Tilda riesengroß, und ich frage mich, wie lange ich mich schon hier in diesem Dorf aufhalte. Was ist, wenn Tilda mich plötzlich ganz dringend braucht, ich für sie aber nicht erreichbar bin? Außerdem muss ich dringend mit Stefan reden. Und was ist mit meiner Arbeit? Ich muss doch irgendwann zurück in mein Leben. Sonst verliere ich noch alles, was mich ausmacht.«

Ich hatte es bereits befürchtet, und nun passierte es tatsächlich: Die Glocken zerrissen erneut die Stille, die gerade noch über dem Dorf gelegen hatte.

»Oh nein, nicht schon wieder!«, rief ich entsetzt. »Ich muss nach Hause, Cupido! Hörst du? Ich kann mich nicht nur um mich und meine Belange kümmern und dabei meine Familie und meine Arbeit ignorieren. Es reicht mir, ich will zurück.«

Panisch blickte ich mich nach dem Eingangstor um und lief darauf zu. Die Glocken wurden immer lauter und erreichten schließlich die gleiche Lautstärke wie zuvor.

Cupido flog aufgeregt hinter mir her. »Jule, jetzt warte doch mal!«

Ich konnte ihn kaum verstehen. Am Tor angekommen, wartete ich gar nicht erst auf den Torwächter, sondern schob eigenhändig den schweren Riegel zur Seite. Alles andere hätte sowieso nur wieder zu Diskussionen geführt.

Als ich das Tor öffnete, erinnerte ich mich an meine Ankunft im Dorf. Es schien eine halbe Ewigkeit her zu sein, dass ich hier gestanden und um Einlass gebeten hatte, um mein bestes Leben zu finden. Dass es eine derart große und zutiefst verunsichernde Herausforderung werden würde, hätte ich mir nie träumen lassen.

Cupido gab nicht auf. »Jule, jetzt warte doch mal! Lass uns reden!«

»Nein, Cupido, ich schaffe das nicht mehr!«, rief ich und rannte einfach los. Ich lief den gleichen Weg zurück, auf dem ich ins Dorf gekommen war – über die Wiesen und Felder, die zu dem dornigen Pfad führten.

Es fühlte sich an wie eine Flucht, und so etwas Ähnli-

ches war es wohl auch. Ich war aufgewühlt und wollte von all den Ratschlägen und Aufgaben, die im Dorf auf mich warteten, nichts mehr wissen.

Der schrille Glockenklang verfolgte mich. Erst als er leiser wurde, verlangsamte ich meine Schritte. Völlig außer Atem setzte ich mich auf einen Baumstumpf und ließ den Kopf auf meine Knie sinken. Mit beiden Händen hielt ich mir die Ohren zu. So saß ich eine Weile einfach nur da.

Gedämpft hörte ich Cupidos Stimme: »Jule! ... Hör mir doch zu!« Ich hob den Kopf und schaute ihm direkt in die Augen. Der kleine Specht war hinter mir hergeflogen, hockte nun auf dem Boden vor mir und schaute zu mir hoch. »Du läufst vor dir selbst weg!«, stellte er fest.

»Das mag schon sein, Cupido. Aber ich kann nicht mehr weitermachen«, antwortete ich. »Ich muss zurück.«

»So klappt das aber nicht«, widersprach Cupido bestimmt. »Du kannst deinen Sorgen nicht entfliehen und schon gar nicht deinen Ängsten. Sie begleiten dich an jeden Ort. Oder hörst du die Glocken etwa nicht mehr?«

»Doch. Das macht mich ja gerade wahnsinnig. Egal, was ich tue, ich höre sie überall.«

»Es geht nicht darum, sie loszuwerden. Das klappt nicht. Du solltest dich weiter mit dir und deinem Leben auseinandersetzen und immer wieder aufs Neue Entscheidungen treffen. Eine Antwort auf die Frage finden: ›Wer bin ich?‹ Wenn du das weißt, kannst du dich fragen: ›Wo wird mich das hinführen?‹ Und dann: ›Wo will ich hin? Wie will ich leben? Wie will ich mein Leben gestalten?‹ So einfach ist das.«

»Es ist eben überhaupt nicht einfach!«, begehrte ich auf.

»Jule, wenn du dir all die Fragen beantworten willst, dann setz dich damit auseinander und mach dir einen Plan. Wenn du nichts verändern willst, auch gut. Es ist deine Entscheidung, welchen Weg du einschlägst. Aber glaub nicht, dass du einfach weglaufen kannst. Ohne dir Gedanken über dich selbst zu machen, änderst du nichts. Du nimmst dich immer überallhin mit, so wie du bist.«

Ich schwieg eine Weile. Tief in meinem Innern wusste ich, dass er recht hatte. Dann kamen mir die Worte von Madame in den Sinn. Sie hatte mich auf all das bereits im Turm vorbereitet.

»Nur wer sich selbst kennt und versteht, wer sich nicht scheut, in die entlegensten Ecken seiner Persönlichkeit zu schauen, wird auch in der Lage sein, sein bestes Leben zu finden«, flüsterte ich leise.

»Es gibt außerdem jemanden, der sehnsüchtig auf dich wartet«, unterbrach Cupido meine Gedanken. »Vielleicht solltest du mit dieser Person sprechen. Danach kannst du immer noch entscheiden, ob du gehst.«

Er setzte sich auf meine Schulter. Ein kleiner, vorwitziger Vogel, den ich irgendwie lieb gewonnen hatte.

Ich musste lächeln. »Du gibst nicht auf, Cupido, oder?«

»Dreh dich um, Jule und sieh zum Dorf zurück.«

»Nein, ich will nicht mehr zurückschauen«, erwiderte ich stur.

»Es steht jemand im Toreingang, der auf dich wartet«,

fügte er hinzu. »Ich komme auch mit dir mit, wenn du magst.«

Ich atmete tief durch. »Na gut.«

Ich drehte mich um und sah eine Gestalt im Eingang zum Dorf stehen, konnte aber keine Details erkennen. Nun war ich doch neugierig geworden. Ich stand auf und ging ein paar Schritte auf das Dorf zu.

Die Gestalt wurde langsam deutlicher. Es war eine alte Frau in einem dunkelblauen Kleid mit einer grauen Strickjacke. Sie schaute in meine Richtung, bewegte sich aber keinen Schritt auf mich zu. Wie versteinert stand sie da und beobachtete, was ich tat. Ich blieb stehen. Die alte Frau war von schmaler Statur und recht klein.

»Wer ist diese Frau? Ich kenne sie nicht«, sagte ich ungeduldig.

»Geh einfach weiter, Jule. Du wirst es gleich sehen«, ermutigte mich Cupido.

Ich ging weiter und erkannte bald ihr graues Haar, das zu einem Dutt zusammengebunden war. In diesem Moment hob sie die Hand und winkte mir zu. Ich kniff die Augen zusammen, um sie besser sehen zu können. Ihre Gesichtszüge wurden deutlicher, je näher ich kam. Sie schien zu lächeln.

Plötzlich durchfuhr es mich wie ein Blitz. Jäh blieb ich stehen.

»Nein, das kann nicht sein«, brachte ich mühsam hervor. Mein ganzer Körper zitterte, und Tränen schossen mir in die Augen. Ich war unfähig, auch nur einen Schritt weiterzugehen.

Doch nun setzte sich die alte Frau in Bewegung.

Langsam, ganz langsam kam sie auf mich zu und öffnete schließlich ihre Arme, um mich an ihr Herz zu drücken.

»Julchen«, krächzte ihre mir vertraute Stimme. »Mein Julchen.«

DER KREISLAUF DES LEBENS

Pepe schloss ihre Arme um meinen vor Aufregung bebenden Körper und hielt mich ganz fest. So wie sie es früher oft gemacht hatte, wenn ich verängstigt war. Ich spürte ihre Wärme und bemerkte erstaunt, dass ihr Haar nach dem mir aus Kindertagen bekannten Apfelshampoo roch.

In ihren Armen fühlte ich mich geborgen. Freudentränen liefen mir übers Gesicht. Sie streichelte sanft mein Haar.

»Mein Julchen …«, wiederholte sie selig und atmete tief durch. »Was bist du groß geworden.« Auch ihr liefen Tränen über die knochigen Wangen.

Ihr Gesicht strahlte Milde und Erfahrung aus. Trotz all seiner Falten und Furchen hatte es etwas Helles und Leuchtendes. Genau so hatte ich sie in Erinnerung. Eine Weile verharrten wir in einer innigen Umarmung. Festhalten wollte ich diesen Moment voller Glück und tiefer Liebe. Am liebsten hätte ich die Zeit angehalten.

Langsam lösten wir uns voneinander, und sie nahm meine Hand. »Komm mit, Julchen, ich bringe dich nach Hause. Dort mache ich dir einen warmen Kakao, und dazu kannst du ein Stück von meinem frisch gebackenen Kuchen essen.«

Glücklich folgte ich ihr. In ihrer Obhut fühlte ich mich wieder wie das kleine Julchen – an ihrer Hand konnte mir nichts passieren.

Wir liefen über den Dorfplatz zu Pepes kleinem Haus, das im hintersten Winkel stand. Mittlerweile war Stille eingekehrt. Der Moment in Pepes Armen hatte mich offenbar so beruhigt, dass die Glocken zum Schweigen gekommen waren.

Schon von Weitem zog mir der vertraute Duft von frisch gebackenem Zimtkuchen um die Nase.

Aus dem Kamin des alten Hauses stieg weißer Rauch in den blauen Himmel. Es erinnerte an eine Almhütte. Das Dach reichte bis weit nach unten und verdeckte die kleinen Fenster. Das Haus war aus Holz gebaut und ließ mich unwillkürlich an ein zauberhaftes Bergpanorama mit friedlich grasenden Kühen denken.

»Hereinspaziert!«, rief Pepe fröhlich und öffnete die knarrende Tür.

Gebückt betrat ich die Hütte.

»Das ist ja deine alte Küche!«, stellte ich begeistert fest.

Im Kachelofen knisterte ein Feuer und sorgte für wohlige Wärme. Wie früher stand um den Ofen herum eine breite, leicht wackelige Holzbank mit vielen Kissen und davor ein Holztisch, der bereits mit Pepes Sammeltassen und Tellern gedeckt war.

»Erwartest du Besuch?«, fragte ich sie erstaunt.

»Ja, aber du bist mein einziger Gast. Und ich erwarte

dich auch schon seit geraumer Zeit – ich wollte vorbereitet sein.«

Ich setzte mich wie früher auf die Bank, zog mir die Schuhe aus und machte es mir mit einer Decke gemütlich. Dann sah ich mich um. Vertraute Gegenstände zierten die Wände und Schränke, darunter viele Kinderzeichnungen und Fotos.

»Du hast dieses Bild aufbewahrt. Unglaublich!«, rief ich entzückt, als ich den Pegasus wiedererkannte, den ich als Zehnjährige gemalt hatte. Mit bunten Schwingen erhob er sich über eine graue Gebirgskette. Ich hatte tagelang an dem Bild gearbeitet.

»Und deinen Regenbogen habe ich auch noch!«, sagte Pepe. »Er ist inzwischen sogar gerahmt.«

Sie nahm einen etwas abgegriffenen Rahmen von der Kommode und reichte ihn mir. Obwohl es vergilbt und im Rahmen verrutscht war, hatte das Bild für mich noch den gleichen Zauber wie damals.

»Der Regenbogen sollte uns beschützen«, erinnerte ich mich. »Deswegen habe ich unser Haus darunter gemalt.«

In krakeliger Schrift hatte ich »Für Oma Pepe« an den unteren Rand des Bildes geschrieben und viele kleine Herzchen hinzugefügt.

»Ich war vier, als ich es dir zum Geburtstag geschenkt habe«, sagte ich und spürte Tränen der Rührung in mir aufsteigen. »Wie lange ist das jetzt her …?«

Pepe nickte verständig. Dann holte sie den duftenden Zimtkuchen aus dem Ofen, stellte ihn auf den Tisch, goss etwas Kakao für mich in eine Tasse und setzte sich zu mir.

Sie sah mich aus wachen Augen an. »Na, meine Kleine, dann erzähl doch mal … wie geht es dir?«

Ich nahm ein Stück Kuchen, legte es auf meinen Teller und überlegte, wo ich anfangen sollte.

»Früher hast du mir immer von deinen Freundinnen erzählt, wenn du dich mit ihnen gestritten hattest. Oder von den Lehrern, die dich ungerecht behandelt hatten. Was beschäftigt dich heute? Erzähl. Ich bin für dich da, so wie ich es damals war.« Sie nahm meine Hand.

Ich spürte, dass der Raum sich merklich veränderte. Die Küche wirkte plötzlich nicht mehr so behaglich wie noch wenige Minuten zuvor. Es schien mir, als wäre sie mit einem Mal kein Ort der Geborgenheit mehr und nicht mehr das Paradies meiner Kindertage.

All das, was mich momentan in meinem Leben umtrieb, ließ mich meine Umgebung mit anderen Augen sehen. Schlagartig war ich kein Kind mehr, sondern eine erwachsene Frau, die mit sich und ihrem Leben haderte und beides zu verstehen versuchte. Vielleicht war es gerade dieser Perspektivwechsel, der mir die Zunge löste und dafür sorgte, dass meine Probleme nur so aus mir heraussprudelten.

»Ich weiß nicht, was genau mit mir los ist, aber ich empfinde gerade viele Dinge als extrem«, begann ich. »Meine eigene Vergänglichkeit ist mir so präsent wie nie zuvor. Ich arbeite, weil ich versuche, das Leben festzuhalten. Ich befürchte, dass alles vorbei wäre und mir nichts mehr bliebe, wenn ich damit aufhören würde. Es würde sich fast so anfühlen, als müsste ich sterben. Gleichzeitig bin ich nicht mehr so belastbar und leistungsfähig wie früher. Und ich fühle mich überflüssig – leider mit jedem Tag mehr.«

Pepe schaute mich nachdenklich an.

Ich steckte mir ein Stück Zimtkuchen in den Mund. Nun, als ich den Geschmack meiner Kindheit auf der Zunge hatte, war ich von einem Moment zum anderen wieder ein zwölfjähriges Kind, und wir erlebten einen dieser wunderbaren Nachmittage, an denen wir über Gott und die Welt plauderten und ich wusste, dass Pepe der einzige Mensch auf Erden war, der mich verstand.

»Der Kuchen schmeckt köstlich, Oma!«, rief ich mit vollem Mund, und wir lachten.

Da war sie wieder, die starke Vertrautheit von früher. Glücklich über diesen Moment, drückte ich Pepe einen Kuss auf die Wange und schob mir genüsslich einen weiteren Bissen in den Mund.

Doch diesmal verflog die Wirkung, und dunkle Wolken durchzogen wieder meine Gedanken. »Weißt du, Pepe, ich habe ein eigenartiges Verhältnis dazu, wie die Zeit verrinnt. Ich kann sie nicht greifen, sie läuft mir davon. Ich verstehe nicht, wie es sein kann, dass ich schon so alt bin. Ich schaue in den Spiegel und frage mich, wieso sich mein Gesicht so stark verändert hat und warum mein Körper stetig abbaut. Ich bin mir irgendwie fremd geworden. Gestern war ich noch jung, saß mit dir hier am Tisch, aß Zimtkuchen, trank Kakao – und mein ganzes Leben lag vor mir. Mittlerweile ist die Zeit, die noch vor mir liegt, kürzer als jene, die bereits vergangen ist. Ich habe also mehr als die Hälfte meines Lebens hinter mir, aber irgendwie will mir das nicht in den Kopf.«

Pepe schwieg und blickte aus dem Fenster.

»Tilda ist schon so groß«, fuhr ich fort. »Dennoch sind alle Erinnerungen an sie und ihre Kindheit so ungeheuer nah und frisch. Es kommt mir wie gestern vor, dass ich mit ihr auf dem Spielplatz war, sie beobachtete, sie tröstete. Und so ähnlich verhält es sich auch mit dir und meiner eigenen Kindheit. Ich sehe dich hier, und du bist für mich Oma Pepe geblieben, ganz so, wie ich dich in Erinnerung habe. Aber ich bin jetzt eine völlig andere Person, eine erwachsene Frau und nicht mehr das Kind von damals.«

»Für mich bist du mein Julchen«, erwiderte Pepe. »Ich glaube, dein Wesenskern ist noch derselbe, den würde ich immer und überall wiedererkennen. Du hast dich verändert, äußerlich wie innerlich. Die Jahre haben deinen Körper zwar altern lassen, aber dein Inneres ist aufgrund deiner vielen Erfahrungen und all deines Wissens nicht nur reicher, sondern sogar schöner geworden. Auch wenn du dich momentan nicht so fühlst. Aber du darfst nicht nur deine Falten zählen, wenn du wissen willst, wer du bist und was dich ausmacht. Es geht um dich als ganzen Menschen. Verstehst du das?«

»Nicht ganz …« antwortete ich unsicher.

»Alle Gefühle, Gerüche und Bilder sind tief in uns verankert«, fuhr sie fort. »Wir können immer auf sie zugreifen. Sie sind das, was den Schatz in unserem Inneren ausmacht. Und diesen Schatz kann uns keiner nehmen. Wenn wir jede Lebensphase zelebrieren, können wir die Erinnerungen jederzeit hervorholen und in uns lebendig werden lassen. Das Gefühl, das du damals hattest, trägst du in dir, und zwar für immer. Jeder Mensch kann von seinen Erinnerungen profitieren, unabhängig von Raum und Zeit. Unsere Erinnerungen sind eine Kraftquelle, die wir nie unterschätzen sollten.«

Ich überlegte. »Und warum habe ich das Gefühl, dass die Zeit immer schneller vergeht?«

»Im Hier und Jetzt hält die Zeit den gleichen Takt«, antwortete Pepe. »Wenn du dich im gegenwärtigen Augenblick befindest, gibt es keine Zukunft und keine Vergangenheit. Dann gibt es nur die Gegenwart.«

Ich musste an meine Routinen denken, an all die vielen Dinge, die ich quasi automatisch erledigte, während ich mit meinen Gedanken ganz woanders war. Oft steckte ich damit in der Zukunft und fragte mich, was ich alles noch zu erledigen hatte. Oder ich befand mich gedanklich in der Vergangenheit und bewertete Ereignisse, auf die ich ohnehin keinen Einfluss mehr nehmen konnte.

»Stimmt«, sagte ich schließlich. »Beim Frühstück mit Stefan bin ich mit meinen Gedanken häufig schon im Büro und somit nicht bei unserem gemeinsamen Start in den Tag. Weil ich den Augenblick nicht bewusst erlebe, kommt es mir so vor, als würde die Zeit schneller vergehen.«

»Und was schließt du daraus?«, fragte Pepe lächelnd.

»Dass ich viel verpasse?«, antwortete ich.

Sie nickte. »Ja, das ist gut möglich.«

»Wir haben also das Gefühl, dass die Zeit immer schneller vergeht, weil wir nicht im Jetzt leben«, fasste ich zusammen.

»Und weil wir mit dem Alter in mancher Hinsicht langsamer in unserer Wahrnehmung werden«, fügte Pepe hinzu. »Wir müssen unsere Aufgaben in einem anderen Tempo erledigen, und vielleicht geht manches irgendwann auch überhaupt nicht mehr. Das ist ein normaler Prozess, und man muss ihn annehmen.«

»Wir werden alt, runzlig, vergesslich und kraftlos? Das sind keine schönen Aussichten«, wandte ich ein.

Meine Großmutter strich mir übers Haar, wie sie es gemacht hatte, als ich noch ein Kind war. »Du bist eine wunderschöne Frau, Jule. Und das bleibst du auch.«

Damit stand sie auf, nahm mehrere Fotos vom Schrank und legte sie vor mir auf den Tisch. Eines zeigte mich als Kleinkind, eines als Neunjährige, eines als Teenager und eines kurz nach meinem Studium. Dann gab es noch ein Foto von meiner Hochzeit und eines, auf dem ich schwanger war.

Daneben stellte Pepe Bilder meiner Mutter. Ich schaute in Großmutters Gesicht und musste lächeln. Wir drei Frauen sahen uns wirklich sehr ähnlich.

»Das ist der Kreislauf des Lebens, Jule. Jeder Abschnitt hält etwas Besonderes bereit, und es lohnt sich, herauszufinden, was es ist.«

»Also, ich kann nichts besonders Tolles an meiner jetzigen Lebensphase finden«, warf ich ein.

Sie lächelte. »Fällt dir wirklich gar nichts ein?«

»Ehrlich gesagt, nein. Momentan fällt mir alles so schwer.

Vor allem im Vergleich zu früher, als mir die Dinge leicht von der Hand gingen. Ich kam mir unverwundbar vor. Es machte mir nichts aus, wenn etwas nicht so gut lief. Ich hatte ja genug Zeit, ganz von vorn anzufangen. Ich fühlte mich frei und unabhängig. Heute ist das anders. Ich muss mich anstrengen, um den Status quo aufrechtzuerhalten. Früher hätte ich das mit links erledigt. Und wenn ich nicht mithalten kann, werde ich einfach ausgetauscht – in der Arbeit und womöglich auch zu Hause.« Ich spürte Wut in mir aufsteigen angesichts der Ungerechtigkeiten, mit denen ich aufgrund des Älterwerdens konfrontiert war.

»Wenn du dein Alter und deine Vergänglichkeit nicht annehmen willst, dann beginnt ein Kampf, der aussichtslos ist und den du verlieren wirst. Das ist gewiss, Jule. Auch wenn du versuchst, so zu tun, als könntest du deine Jugend konservieren und deinem Körper all das abverlangen, was du in jungen Jahren geleistet hast, oder wenn du die äußerlichen Spuren deines Alters vertuschen willst, du wirst am Ende an deinen eigenen Erwartungen scheitern.«

»Aber die schwache und müde Frau, die ich bin, mag ich nicht sonderlich«, gab ich zu.

»Und das ist der Punkt«, hakte Pepe ein. »Weil wir uns selbst ablehnen, werden wir abgelehnt. Das ist ein Naturgesetz, Julchen. Und du wirst es nicht ändern, indem du dich dagegen wehrst.«

Ich musste zugeben, sie hatte den Nagel auf den Kopf getroffen. Ich hatte mich in den letzten Jahren mehr und mehr abgelehnt, weil ich die Veränderungen in meinem Leben nicht annehmen wollte. Ich wollte einfach nicht akzeptieren, dass ich mich von meinem jugendlichen Idealbild verabschieden musste.

»Wir werden also vergehen. Das ist der Kreislauf des Lebens«, flüsterte ich, traurig über diese Erkenntnis. Es fühlte sich so an, als wäre mir das gerade zum ersten Mal richtig bewusst geworden.

Zugleich spürte ich, dass diese Hütte nicht nur die Zeit meiner Kindheit beherbergte, sondern auch die Zeit meines Wachsens. Im Laufe der Jahre war ich zu einer Frau und Mutter gereift.

Jetzt saß ich meiner klugen Großmutter auf Augenhöhe gegenüber. Sie sprach nicht mehr zum kleinen Julchen, sondern zu einer Frau, die selbst bald nicht mehr jung und vielleicht ebenfalls eines Tages Großmutter sein würde.

»Du kannst jetzt den Kopf in den Sand stecken und aufgeben. Aber dann wirst du einiges nicht entdecken und nicht verstehen«, ergriff Pepe wieder das Wort. »Nur wer sich ganz und gar selbst versteht, der kann auch sein bestes Leben leben, egal in welcher Lebensphase er sich befindet.«

»Lebst du dein bestes Leben?«, fragte ich Großmutter.

»Ich habe es versucht«, antwortete sie ehrlich.

»Und wie kann es mir gelingen?«

»Setze dich mit deinem Leben auseinander«, empfahl mir Pepe. »Finde heraus, welche Gedanken und Überzeugungen dich blockieren und dir ein schlechtes Gefühl vermitteln. Das ist harte Arbeit. Und rechne mit Tiefschlägen, denn die gehören dazu. Am besten, du fängst damit an, dich mit dem Gedanken zu befassen, der dir am meisten im Weg steht und dich oft traurig macht. Weißt du, welcher Gedanke das sein könnte?«

Ich nickte. Mein mangelndes Vertrauen in mich und meine Fähigkeiten und der Gedanke »Ich schaffe das nicht« hatten mich nicht umsonst aus dem Dorf flüchten lassen.

»Und würdest du ihn gern aus deinem Leben verbannen?«

Wieder nickte ich, diesmal heftiger.

Pepe lächelte. »Dann darfst du unser schönes Dorf aber nicht verlassen, wie du es eben vorhattest – zumindest nicht so bald.«

Ich begriff, wenn ich jetzt aufhörte, wäre alles umsonst gewesen, und meine Situation bliebe unverändert. Ich musste also meine Bedenken beiseiteschieben und mich auf alles einlassen, was mir noch begegnen würde.

Energisch schüttelte ich den Kopf und sagte: »Ich werde nicht mehr wegrennen. Ich bleibe, zumindest noch eine Weile.«

Pepe nickte erfreut. »Eine gute Entscheidung.«

Ein lautes Klopfen unterbrach uns. Es war Cupido, der mit seinem Schnabel heftig gegen das Fensterglas hämmerte. Pepe öffnete ihm.

»Habt ihr das Donnern gehört?«, fragte er aufgeregt.

Pepe horchte in die Ferne, aber da war kein Laut. Kein Donnergrollen, nicht einmal ein fernes Gewittern.

»Kam es etwa aus der Herzhöhle?«, fragte Pepe den kleinen Specht.

Cupido nickte. »Dort muss sich Geröll gelöst haben.«

Pepe drehte sich zu mir um. »Was hast du denn gerade gedacht, Julchen?«

Ich musste nicht lange überlegen. »Ich habe mit aller Kraft meinen Gedanken »Ich schaffe das nicht« beiseitegeschoben und mich entschieden, weiterzumachen.«

Pepe lachte. »Dann ist dir gerade ein Stein vom Herzen gefallen. Das passiert, wenn man es schafft, sich von überholten Glaubenssätzen zu trennen. Diese fallen dann von einem ab und brechen auseinander. Und man spürt sofort, dass einem das Herz leichter wird, wenn ein Teil der Last verschwindet.«

Ich horchte in mich hinein. Tatsächlich fühlte ich mich ein wenig leichter und freier als noch vor wenigen Minuten.

»Was hat es mit dieser seltsamen Herzhöhle auf sich?«, fragte ich.

»Komm mit«, antwortete Cupido. »Ich zeige sie dir.«

DIE HÖHLE DES HERZENS

Hinter Großmutters Haus begann ein steiniger Weg, der zum Fuß eines Berges führte, an den sich ein verwunschenes Wäldchen schmiegte. »Alles scheint möglich an diesem merkwürdigen Ort«, dachte ich. Die Grenzen des Dorfes hatten sich wundersamerweise ausgedehnt, und vor uns lag nun eine zauberhafte Hügellandschaft mit moosbewachsenen Felsen.

Der Eingang zur Höhle des Herzens war Cupido zufolge dort hinten in dem kleinen Wald versteckt.

Als wir uns dem Berg näherten, kam Madame uns plötzlich aufgeregt entgegengelaufen. Ihre Brille saß schief, und die akkurate Frisur war aus der Form geraten.

»Da seid ihr ja endlich! Kommt!«, rief sie unternehmungslustig.

»Oh, sie duzt dich. Dann muss sie dich mögen«, raunte Cupido. »Das muss man sich auch erst einmal verdienen.«

»Soll ich sie denn ebenfalls duzen?«

»Auf gar keinen Fall. Niemand duzt Madame.«

Sie führte uns durch das Wäldchen zum Eingang der Höhle, der, von Efeu und Farnen verdeckt, am Rand einer kleinen Lichtung lag. Ich versuchte durch einen Spalt ins

Höhleninnere zu spähen, aber es war drinnen so stockfinster, dass ich nichts erkennen konnte.

»Du hast es bis hierhin geschafft!«, lobte mich Madame. »Schön, dass du nun noch mehr über dich herausfinden willst, Jule.«

Ich nickte und freute mich über das Lob.

»Fühlst du dich schon etwas leichter?«, fragte sie und sah mich mit prüfendem Blick über die verrutschte Brille hinweg an.

»Ja, schon«, antwortete ich zögerlich.

Sie bemerkte meine Zurückhaltung. »Aber …?«

»Kein Aber, ich fühle mich mutig genug, um weiterzugehen«, sagte ich nun entschlossen.

»Bestens!«, rief Cupido. »Dann solltest du dir jetzt mithilfe von Madame alle Glaubenssätze ansehen, die dich bremsen. Wenn du es schaffst, sie loszulassen, räumst du dir den Weg zum Garten deiner Liebe frei. Er liegt hinter der Herzhöhle. Dort sehen wir uns dann wieder.«

Er flatterte in die Luft und flötete: »Bis später, Jule, ich freu mich auf dich.« Dann flog er davon. Ich kannte das ja schon. Immer wenn es für mich anstrengend wurde, machte Cupido sich liebend gern aus dem Staub.

Etwas verwirrt wandte ich mich wieder Madame zu. »Was hat Cupido genau gemeint? Mir ist nicht ganz klar, was es mit diesen Glaubenssätzen auf sich hat.«

»Glaubenssätze sind tief verankerte, immer wiederkehrende Gedanken und Überzeugungen, die dir ein bestimmtes Lebensgefühl vermitteln und dich, wenn sie negativ sind, daran hindern, sämtliche Möglichkeiten in deinem Leben auszuschöpfen. Wenn du ein Ziel hast, dann erschweren sie es dir, dieses Ziel konsequent zu verfolgen und zu erreichen. Sie kommen spontan, unbewusst, ganz automatisch und beeinflussen dein Verhalten. Manche haben bereits in der Kindheit ihren Ursprung. Andere entstehen im weiteren Verlauf deines Lebens. Jeder dieser Gedanken erzeugt ein bestimmtes Gefühl in dir, aber alle werden durch deine Erfahrungen bestätigt. So verfestigen sie sich.«

Madame sah mein nachdenkliches Gesicht und fügte lächelnd hinzu: »Keine Sorge, das alles werden wir uns in der Herzhöhle genauer anschauen.«

Ich fragte mich, wie viele Glaubenssätze ich wohl schon in meinem Leben gehabt hatte. Wie vielen und vor allem welchen Glaubenssätzen war ich bereits gefolgt, ohne es zu wissen?

»Wie erkenne ich meine Glaubenssätze eigentlich?«, fragte ich Madame.

»Das kann mitunter schwierig sein. Du erkennst sie anhand deines Verhaltens und deiner Reaktionen, allerdings nur, wenn du achtsam bist. Oft sind es beiläufige Gedanken, die aber einen großen Einfluss auf deine Gefühle haben. Unsere Gedanken und Gefühle sind stets aneinander gekoppelt. Es gibt positive und negative Glaubenssätze – wobei die negativen meistens in unserem Gedächtnis haften bleiben, sich in uns festsetzen und andere Gedanken überlagern. Das sind Sätze wie: *Ich werde immer abgelehnt. Ich bin nicht richtig. Ich werde nicht geliebt. Ich werde immer ausgeschlossen. Ich enttäusche alle. Ich bin zu alt.* Oder: *Ich bin nie gut genug.*« Madame blickte mich aus ihren klaren Augen liebevoll an. »Kommt dir davon irgendetwas bekannt vor?«

Ich nickte und antwortete leise: »Allerdings.«

»Also dann. Los geht's. Wollen wir es wagen?«, fragte sie aufmunternd und deutete auf eine Laterne und einen Spitzhammer, die am Höhleneingang für uns bereitstanden. »Ich leuchte uns den Weg, du nimmst den Spitzhammer. Den wirst du brauchen.«

Mit diesen Worten drückte sie mir den Hammer in die Hand und zog mich durch die schmale Öffnung in die Höhle hinein.

Der Hammer war groß und schwer. Er hatte auf einer Seite eine lange Spitze, auf der anderen eine stumpfe, glatte Fläche. Ich fragte mich, wozu ich dieses Werkzeug wohl benötigen würde, schob den Gedanken aber beiseite, weil ich damit beschäftigt war, Madame zu folgen.

Der Schein der Laterne brachte das Innere der Höhle zum Leuchten.

»Wow!«, rief ich beeindruckt.

Die Höhle war gerade hoch genug, dass wir beide aufrecht darin stehen konnten. An den schroffen Wänden brach sich das Licht der Laterne. Überall hingen Tropfsteine von der Decke, andere wuchsen ihnen aus dem Boden entgegen. Ich konnte erkennen, dass es Gänge gab, die noch tiefer in die Höhle führten. Ein Geröllberg links von uns verdeckte einen dieser Höhlengänge zum Teil.

Im flackernden Licht der Laterne herrschte eine gespenstische Atmosphäre. Es war kalt und nass. Das Geräusch der zu Boden fallenden Tropfen hallte von den Wänden wider.

»Das ist ganz schön gruselig hier«, flüsterte ich und umklammerte den Hammer in meiner Hand.

Wie sollte ich es schaffen, bis zum anderen Ende der Höhle und damit zu Cupido zu gelangen? War das überhaupt möglich? Kannte Madame den Weg? Was, wenn wir beide uns im Gewirr der Gänge verlaufen würden? Ich zögerte.

Als könnte Madame meine Gedanken lesen, legte sie mir beruhigend ihre Hand auf die Schulter. »Erinnere dich, Jule. Deinen Glaubenssatz *Ich schaffe das nicht* hast du eben losgelassen. Deshalb hattest du den Mut, weiterzugehen.«

»Aber warum ist der Gedanke jetzt plötzlich wieder da, wenn ich ihn doch gerade hinter mir gelassen habe?«, fragte ich leise und spürte, dass mir diese Höhle langsam die Luft zum Atmen nahm.

»Das ist oft so. Immer wieder aufs Neue braucht es die bewusste Entscheidung gegen alte Glaubenssätze. Sonst bauen sie sich neu auf. Aber du kannst ja mal versuchen, diesen Glaubenssatz einfach umzudrehen. Mal sehen, was anschließend passiert.«

»Dann heißt er: *Ich schaffe das*«, antwortete ich schulterzuckend.

»Und was macht dieser Satz mit dir?«

Ich horchte in mich hinein. »Wenig ... eigentlich nichts.«

Madame lächelte. »Okay. Sag ihn noch mal!«

»Ich schaffe das.«

»Lauter!«

»Ich schaffe das.«

»Noch lauter!«

»Ich schaffe das.«

»Du sollst lauter werden!«, rief Madame.

Ich atmete tief durch, dann schrie ich: »Ich schaffe das!«

Von den Felswänden hallten meine Worte wider. Sie klangen mächtig laut, und sie zeigten Wirkung. Das Echo durchströmte meinen ganzen Körper.

»Ja! Prima, Jule. Und noch mal!«, rief Madame begeistert. »Und jetzt so laut, wie du nur kannst!«

»Ich schaffe das!«, schrie ich aus vollem Halse.

Von allen Seiten kam das Echo zurück, und es schien mir, als würde mich nun ein ganzer Chor unterstützen. Es tat gut, den alten lästigen Gedanken zu verändern und damit ein anderes Gefühl in mir entstehen zu lassen. Die unbändige Kraft, die ich nun in mir spürte, stachelte mich an, und ich schrie immer weiter. Immer lauter, immer begeisterter, immer überzeugter. Dann brach ich urplötzlich in ein lautes und befreiendes Lachen aus.

»Sehr gut, Jule«, lobte mich Madame. »Und genauso machst du das ab jetzt jedes Mal, wenn der negative Gedanke wiederkommt. Eines Tages wird er gar nicht mehr auftauchen, dann hast du ihn besiegt.«

»Und was hat nun diese Höhle mit meinen Glaubenssätzen zu tun?«, fragte ich, plötzlich neugierig auf alles, was mich noch erwarten würde.

»Das hier ist der Ort, wo alles entsteht und sich weiterentwickelt. Hier tropfen deine Gedanken in dein Herz hinein. Wenn du ganz still bist, kannst du sie hören.« Madame schwieg, um mir Zeit zu geben.

Ich lauschte den Wassertropfen, die überall in der Höhle herabfielen und deren leises Plitsch-Platsch von den Wänden widerhallte und sich zu einem riesigen Orchester verband. Es war unvorstellbar, dass all die Tropfen meine Gedanken sein sollten.

»Jeder negative Gedanke löst ein Gefühl in dir aus, das sich im Laufe der Zeit Tropfen für Tropfen zu einem Glaubenssatz verfestigt. So entstehen die Tropfsteine«, fuhr Madame nach einer Weile fort.

»Alle meine schädlichen Gedanken sind hier also versammelt?«, fragte ich erstaunt.

»Ja, und je größer sie werden, desto schwerer wird dein Herz und desto unmöglicher ist es für dich, ein glückliches und freies Leben zu führen. Dadurch kommt es zu Gefühlen von Ohnmacht, Wertlosigkeit und Versagen. Und diese Gefühle machen dein Herz noch schwerer. So entsteht ein fataler Kreislauf.«

»Aber es gibt doch auch gute Gedanken. Was ist damit? Bauen sie sich ebenfalls zu Tropfsteinen auf?«, wollte ich wissen.

»Nein, die guten Gedanken nähren deinen Garten der Liebe und geben dir Kraft und Energie. Sie beflügeln dich, sofern sie nicht von den negativen erstickt werden. Nur die negativen setzen sich in Form von harten Tropfsteinen fest und machen dein Herz schwer.«

Langsam verstand ich.

»Hast du eine Ahnung, was dein Leben so stark beeinflusst hat, dass diese Säule hier entstanden ist?«, fragte Madame und deutete auf einen massiven Stalaktiten, der wie ein Schwert aus der Decke ragte und mit seiner Spitze beinahe den Boden berührte.

Ich blickte hinauf zur Decke. Der Stalaktit war an seiner Basis sehr breit. Aber wofür stand er, was hatte er zu bedeuten?

Ich überlegte, fühlte mich jedoch überfordert. In meinem Kopf herrschte ein einziges Chaos. Außerdem machte mir die feuchte Kälte zu schaffen. Es war schwierig, unter diesen Umständen einen klaren Gedanken zu fassen.

»Ich weiß es ehrlich gesagt nicht. Oder ich finde einfach keine Worte dafür«, sagte ich und hoffte, Madame würde mir auf die Sprünge helfen.

»Was macht dich denn so unglücklich?«, hakte Madame nach.

Ihre geduldige Art hatte mir schon einmal geholfen, die Dinge klarer zu sehen. Ich suchte also nach einer Fährte, einem Hinweis.

»Na ja, ich spüre ständig diesen Druck, egal ob im Büro oder zu Hause. Und dann sind da noch die Panikattacken. Erinnern Sie sich? Im Turm, auf der Wendeltreppe? Ohne Ihre Hilfe hätte ich es nicht bis nach oben geschafft.«

»Dann schau dir dieses Gefühl doch mal genauer an. Forderst du vielleicht zu viel von dir selbst und setzt dich damit unnötig unter Druck? Oder machen dir andere diesen Druck, und das belastet dich?«

Ich überlegte.

»Und geh jetzt noch einen Schritt weiter«, fuhr Ma-

dame fort. »Was denkst du in diesen Situationen, wenn das Gefühl auftaucht? Verfolge den Gedankengang mal ganz genau.«

»Im Büro denke ich oft, dass ich mich anstrengen kann, so viel ich will – es wird nie ausreichen, um meinen Vorgesetzten zufriedenzustellen. Und bei Stefan habe ich auch das Gefühl, dass ich nicht mehr genüge. Er unterhält sich kaum noch mit mir. Er schweigt viel oder liest, wenn wir beisammen sind. Da liegt so eine kühle Höflichkeit zwischen uns.« Ich spürte, dass mich allein der Gedanke daran sehr traurig machte.

»Du setzt dich also selbst unter Druck«, stellte Madame fest. »Und dieser innere Druck entsteht durch einen Glaubenssatz, der vielleicht … *Ich bin nicht liebenswert* heißen könnte?«

Tränen traten mir in die Augen. Sie hatte ins Schwarze getroffen.

»Durch diesen Glaubenssatz entstehen wiederum jene Gefühle der Ohnmacht, der Wertlosigkeit und des Versagens, die du so oft empfindest«, sagte sie.

Ich rang um Fassung, um nicht haltlos in Tränen auszubrechen.

»Ja, genauso ist es«, gestand ich leise. »Und das belastet mich. Sogar sehr.«

»Ein solcher Glaubenssatz hat oft weitere Glaubenssätze im Gepäck: *Ich bin nicht genug. Ich genüge wohl keinem mehr. Ich bin eine Versagerin.* Oder: *Ich mache immer alles falsch*«, erklärte Madame. »Glaubenssätze vermehren sich, wenn du sie für wahr hältst und sie ungeprüft übernimmst.«

Ich schaute mich um. Die vielen Tropfsteine machten mir plötzlich Angst. Was, wenn noch weitere dazukämen? Mein armes Herz war doch schon schwer genug.

Madame riss mich aus meinen Gedanken. »Bist du dir eigentlich sicher, dass dein Chef nicht zufrieden mit dir ist? Oder ist das nur eine Vermutung? Und könnte es vielleicht sein, dass dein Mann aus einem anderen Grund schweigt?«

»Genau weiß ich es natürlich nicht. Aber mein Chef lobt mich praktisch nie. Nur meine junge Kollegin bekommt seine Aufmerksamkeit und Anerkennung. Besonders wenn wir an einem gemeinsamen Projekt arbeiten. Also vermute ich, dass er nur mit ihr zufrieden ist.«

»Aha, also ist das nur eine Vermutung. Und bei Stefan?«

Ich dachte an unseren jüngsten Streit, bei dem ich ihm gesagt hatte, dass ich mich von ihm vernachlässigt fühlte.

»Ich kümmere mich zu Hause um fast alles. Um den Einkauf, die Wäsche, die Küche und vieles mehr. Ich versuche es uns so angenehm wie möglich zu machen, trotz meiner beruflichen Belastung, die ich ja noch zusätzlich habe. Aber für ihn ist das alles selbstverständlich. Was ich tue, reicht offenbar nicht aus. Ich bekomme keinen Dank, keine Aufmerksamkeit, keine Zuneigung. Sondern ernte nur Vorwürfe, dass ich mal wieder schlecht gelaunt bin.«

»Und? Hat er unrecht? Bist du in Wirklichkeit gut gelaunt?«, fragte Madame.

Ich dachte nach. »Nein. Wie denn auch? Ich ärgere mich über ihn.«

»Genau das spürt Stefan. Du fühlst dich von ihm übersehen und ungeliebt, also verhältst du dich entsprechend. Und das, was bei ihm ankommt, sind deine Unzufriedenheit und deine stummen Vorwürfe. Die spiegelt er und gibt sie so postwendend an dich zurück.« Madame schwieg und überlegte lange, bevor sie fortfuhr. »Aus seinen Reaktionen ziehst du für dich die Schlussfolgerung, dass du nicht liebenswert bist, egal was du tust. So fühlst du dich bestätigt in deinem Glauben, nicht liebenswert zu sein, und das wiederum nährt dein Gefühl der Wertlosigkeit.«

Ich versuchte zu begreifen. »Das heißt, wenn ich mich selbst nicht annehme, mich nicht als liebenswert empfinde und stets an mir zweifle, kann ich niemals zu der Überzeugung gelangen, dass ich wertvoll genug bin, um von anderen angenommen zu werden? Was ich tue und was ich bin, ist und bleibt dann immer zu wenig, richtig?« Allmählich begann ich, die verzwickten Zusammenhänge und meine Situation zu verstehen.

Madame nickte. »Ja, aber das ist nur die halbe Wahrheit. Damit du dein eigenes Bild von dir und das dazugehörige Gefühl verändern kannst, solltest du noch mehr verstehen. Dafür müssen wir viel weiter zurückblicken.« Sie lief um die massive Säule herum und berührte sie sachte. »Diese Säule hier ist Tropfen für Tropfen aus deinen negativen Gedanken über dich und den daraus resultierenden Gefühlen entstanden. Zusammen haben sie zu dem großen Glaubenssatz *Ich bin nicht liebenswert* geführt. Und viele Jahre hast du die Gedanken und Gefühle verinnerlicht, die diese Überzeugung immer wieder bestätigt haben. So wurde der Tropfstein ständig größer, hat sich verfestigt und steckt nun wie ein Stachel in deinem Herzen. Weil du ihn ständig spürst, bestimmt er beinahe dein ganzes Denken und Handeln. Daher konntest du bislang auch nicht zu deinem besten Leben finden.«

Ich musste mich setzen, weil meine Beine mir zu versagen drohten.

»Jetzt wird mir klar, warum ich mich so fühle«, stieß ich hervor und sah die Höhle plötzlich mit anderen Augen. Die Erkenntnis, dass mein Herz mit Tropfsteinen förmlich vollgestopft war, ließ mich erschaudern.

»Wie soll ich mich je aus dieser Situation befreien? Mein Herz wird schon sehr bald ein einziger Tropfsteinbrocken sein«, stellte ich traurig fest.

Wie immer hatte Madame recht. Der Zustand, dem ich mein ganzes Leben lang hatte entkommen wollen, war geprägt von einem Gefühl der Wertlosigkeit. Und ich hatte es einfach nicht geschafft, diesen Zustand oder besser gesagt dieses Gefühl zu verändern. Je mehr ich es versucht hatte, desto aussichtsloser war das Unterfangen gewesen. Meine negativen Glaubenssätze hatten sich dabei immer mehr verfestigt. Und auch meine Hilflosigkeit war immer größer geworden.

»Es hilft dir, wenn du herausfindest, wo das alles angefangen hat«, nahm Madame den Faden wieder auf. »Vielleicht liegt der Ursprung in deiner Kindheit. Kannst du dich an einen Satz erinnern, den deine Eltern oft zu dir als Kind gesagt haben?«

Das konnte ich in der Tat, denn ich erinnerte mich spontan an eine typische Situation. »Ich kam einmal voller Stolz auf mein ziemlich gutes Zeugnis von der Schule nach Hause. Aber meinen Eltern genügten meine Leistungen praktisch nie. Sie begutachteten meine Noten überkritisch, und statt Lob gab es von ihnen zu hören: ›Und beim nächsten Mal machen wir das dann richtig gut, Jule.‹«

Madame sah mich an. »Und was hast du getan?«

»Ich wollte ihnen gefallen. Ich versuchte also, noch besser zu werden. Nur ein einziges Mal wollte ich von ihnen ein Lob hören und so das Gefühl haben, geliebt zu werden. Das betraf nicht nur meine schulischen Leistungen. Die Geschichte wiederholte sich. Zum Beispiel hatte ich bei meiner Führerscheinprüfung so große Angst, nicht zu bestehen, dass ich tatsächlich durchgefallen bin. Ich wollte glänzen, um meinen Eltern zu gefallen, um es ihnen rechtzumachen. Ich dachte, ich dürfte einfach nicht versagen. Dadurch setzte ich mich so unter Druck, dass ich während der Prüfung rein gar nichts mehr wusste. Also scheiterte ich auf ganzer Linie.«

»Und wie haben deine Eltern reagiert?«

»Mit eisigem Schweigen. Fehler oder Niederlagen wurden bei uns totgeschwiegen. So etwas gab es einfach nicht. Stattdessen standen stille Vorwürfe und eine stille Enttäuschung im Raum. Das war schrecklich. Allein meiner Großmutter habe ich es zu verdanken, dass ich einen zweiten Anlauf nahm, der mir dann auch gelang.«

»Und was haben deine Eltern daraufhin gesagt? Hast du bekommen, was du von ihnen wolltest? Ein Lob? Schließlich hattest du ja nun bestanden.«

»Nein. Die bestandene Prüfung im zweiten Anlauf zählte nicht, sie war in ihren Augen nichts mehr wert. Allenfalls noch eine Sache der Ehre. Mein später Erfolg wurde kurz zur Kenntnis genommen, mehr nicht.« Ich schwieg. Die Erinnerung daran schmerzte immer noch. »Ich habe bis heute nicht verstanden, wieso ich meine Eltern nie richtig zufriedenstellen und ihren Ansprüchen nie genügen konnte, egal was ich tat – und ich tat eine Menge.«

»Der wiederkehrende Satz *Beim nächsten Mal machen wir das dann richtig gut, Jule* hat zusammen mit den entsprechenden Erfahrungen dafür gesorgt, dass du dieses ungute Gefühl überhaupt erst entwickelt hast: *Ich bin nicht liebenswert, so wie ich bin.* Und dieses Gefühl hat sich im Laufe der Zeit immer mehr zu einem Glaubenssatz verfestigt. Den Satz deiner Eltern hast du verinnerlicht und ungeprüft auf dein Leben übertragen. Dadurch warst du voreingenommen und hast wiederholt die gleichen Erfahrungen gemacht, wodurch dein Gefühl immer wieder aufs Neue bestätigt wurde: *Ich bin nicht gut genug. Also bin ich auch nicht liebenswert.*«

»Ich hielt das für wahr«, sagte ich leise.

»Weil du diesen Satz zu deiner Wahrheit gemacht hast. Ohne zu hinterfragen, ob er wirklich stimmt«, entgegnete Madame.

Sie hob die Laterne hoch, bis in ihrem Lichtstrahl eine Gruppe von Stalaktiten zu sehen war. Dann begann sie aufzuzählen: »*Ich bin zu langsam. Ich werde immer abgelehnt. Ich bin zu alt. Ich bekomme nie Anerkennung. Keiner mag mich. Ich muss mehr tun. Ich bin unattraktiv. Ich mache bestimmt wieder alles falsch. Ich bin nicht richtig* …«

Beim Hören dieser Sätze, die mir tatsächlich oft durch den Kopf gingen, lief mir ein kalter Schauer über den Rücken. Ich kannte die Gedankenschleifen nur zu gut. Sie nahmen kein Ende, es sei denn, ich stürzte mich in die Arbeit, oder ich wurde anderweitig abgelenkt. Sobald ich wieder mir selbst und meinen Gedanken überlassen war, begann das Dauerfeuer in der Regel erneut.

»Kannst du dir vorstellen, ohne die negativen Glaubenssätze zu leben?«

»Aber sicher«, antwortete ich mit leiser Entrüstung. »Ich wäre sogar sehr froh, wenn ich sie endlich loswerden könnte.«

»Gut. Dann müssen wir sie zerstören und ersetzen!«, rief Madame voller Tatendrang. »Du nimmst jetzt den Hammer und schlägst auf jeden einzelnen Stein so lange ein, bis er zerbricht. Dabei ersetzt du ihn durch einen positiven Gedanken, den du laut und deutlich aussprichst.«

Verlegen betrachtete ich meinen Hammer.

»Ich glaube, mir fallen keine positiven Sätze ein«, flüsterte ich beschämt.

»Wenn wir hier keinen Ausweg finden, dann werden deine Gedanken die Tropfsteine weiter zum Wachsen bringen, bis dein Herz ganz und gar verstopft sein wird. Also streng dich an!«, mahnte Madame ungeduldig und in strengem Tonfall.

»Also gut«, sagte ich und wollte gerade mit dem ersten Stein beginnen, als sie mich stoppte.

»Warte, Jule. Mach dir erst klar, wofür dieser Stein steht. Welchen Glaubenssatz stellt er dar?«

»*Ich mache immer alles falsch*«, antwortete ich.

»Und? Findest du wirklich, dass du immer alles falsch machst?«

Ich überlegte kurz. Eigentlich stimmte das nicht. Auf jeden Fall nicht gänzlich. Ich glaubte, zumindest eine gute Mutter zu sein. Aus Tilda war eine tolle, selbstständige junge Frau geworden, die in der Lage war, ihr Leben selbstbewusst zu gestalten und ihren Wünschen zu folgen.

»Nein. Ich glaube, ich mache nicht alles falsch«, sagte ich leise.

»Gut. Und mit welchen Worten willst du den negativen Glaubenssatz ersetzen?«

»Ich… mache nicht immer alles falsch?«, tastete ich mich vor.

»Versuch den Satz ohne das Wörtchen *nicht* zu formulieren. Das ist wirkungsvoller.«

»*Ich bin gut, so wie ich bin. Und ich mache vieles richtig!*«, rief ich mutig.

»Klingt gut«, kommentierte Madame. »Wie fühlt es sich an?«

»Es fühlt sich gut an!«, erwiderte ich, hob den Hammer und legte los.

Erst zaghaft, dann immer kraftvoller schlug ich auf den

Stein ein, und mit jedem Hieb schrie ich: »Ich bin gut, so wie ich bin. Und ich mache vieles richtig!«

Ich spürte eine große Wut in mir aufsteigen, Wut auf all das, was mich in meinem Leben gehemmt und mein Herz beschwert hatte. Die Wut war so groß, dass ich über mich hinauswuchs und ungeahnte Kräfte entwickelte.

Der Stein war hartnäckig. Er splitterte erst an ein paar Stellen, dann fielen größere Stücke von ihm ab. Schlag für Schlag bezwang ich ihn etwas mehr, bis er schließlich abbrach und zu Boden rauschte, wo er als Geröllhaufen endete.

»Prima, Jule«, rief Madame, die mich die ganze Zeit über angefeuert hatte. »Und so machst du es jetzt jedes Mal, wenn ungute Gedanken kommen. Prüfe sie auf ihren Wahrheitsgehalt, und wenn es falsche Glaubenssätze sind, zerschlage sie mit aller Kraft und finde einen dich stärkenden Ersatz!«

»Dann los!«, sagte ich und nahm mir die Säule mit dem Satz *Ich bin nicht liebenswert* vor. Hier war es schon einfacher, einen Ersatz zu finden. Er ging mir leicht über die Lippen.

»*Ich bin liebenswert*«, schrie ich aus voller Kehle und hämmerte wild auf den Stein ein. Ich lachte dabei lauthals. Es war befreiend, und mein Herz wurde immer leichter.

»Herrlich!«, stieß ich glücklich hervor.

»Da kannst du mal sehen, was für eine Lebenskraft in dir steckt!«, jubelte Madame begeistert. »Erinnere dich genau an diesen Moment, wenn dich deine alten Glaubenssätze wieder einholen. Denn das werden sie ständig versuchen. Wenn du sie jedoch weiterhin beharrlich veränderst und all die Gedanken auflöst, die dich belasten, werden sich auch deine Gefühle verändern. Sobald du dich anders fühlst, strahlst du auch etwas anderes aus. Du bekommst so mit der Zeit ein anderes Lebensgefühl. Und damit veränderst du dein Leben!«

Ich nahm diese Worte von Madame tief in mich auf und kämpfte mich dann weiter durch meine Glaubensätze hindurch. Voller Entschlossenheit zertrümmerte ich einen nach dem anderen, bis wir die andere Seite der Herzhöhle erreichten. Ich war so in meinem Element, dass ich nicht einmal bemerkte, wie ich durch den Ausgang ins Freie stolperte.

Plötzlich stand ich in einem Meer aus Sonnenstrahlen.

Schweißnass und außer Atem ließ ich den Hammer sinken. Die Sonne blendete mich, aber nach der langen Zeit in der dunklen Höhle war sie eine Wohltat.

Ich hielt mir die Hand vor die Augen und blinzelte durch die Finger. Lag dort vor mir ein großer Garten? Ja, das musste der Garten der Liebe sein, von dem Cupido erzählt hatte.

IM GARTEN DER LIEBE

Ich rührte mich nicht. Die Sonne blendete mich so stark, dass ich meinen Augen Zeit geben musste, sich an die Helligkeit zu gewöhnen.

Als ich neugierig blinzelte, war der vor mir liegende Garten nur undeutlich zu erkennen, lediglich ein paar Umrisse zeichneten sich ab. Ich schloss die Augen und lauschte.

Vogelgezwitscher war zu hören, ein warmer Wind streichelte meine Wangen, es roch nach Lavendel und anderen betörenden Düften, und das sanfte Plätschern von Wasser übte eine beruhigende Wirkung auf mich aus. Ich genoss die Wärme der Sonne auf meiner Haut.

Ich atmete tief durch, und ein Gefühl von Freiheit durchströmte mich. Ich war unendlich stolz auf das, was ich gerade geschafft hatte.

Mir fiel ein, dass ich nicht alleine war. Ich drehte mich zu Madame um, die hinter mir am Ausgang der Höhle stand. Wieder blinzelte ich, doch inzwischen hatten sich meine Augen an die Helligkeit gewöhnt. »Kommen Sie, die Sonne tut gut, besonders nach der nasskalten Luft in dieser dunklen Höhle.«

Sie schüttelte den Kopf. »Nein, Jule. Das hier ist allein

dein Garten der Liebe. Ab hier musst du ohne mich weitergehen. Ich kehre um.«

Ich ging zu ihr, um mich von ihr zu verabschieden.

»Madame, ich danke Ihnen für alles«, sagte ich. »Sie haben mir gezeigt, welche Kraft in mir steckt. Ich war wie berauscht, als ich die Glaubenssätze zertrümmert habe. Und jetzt spüre ich eine wohlige Ruhe in mir, und ich habe die große Hoffnung, endlich angekommen zu sein. Das habe ich auch Ihnen zu verdanken.«

Madame sah die Erleichterung in meinem Gesicht, schien meine überbordende Freude aber nicht teilen zu wollen.

Ich bemerkte ihren skeptischen Blick.

»Was ist?«, fragte ich. »Wollen Sie sagen, ich habe es noch nicht geschafft?«

»Der Gang durch die Höhle hat dir den Blick auf diesen Teil deines Herzens freigeräumt. Er hat die Beschaffenheit deiner Gedanken verändert. Deswegen kannst du jetzt fühlen, was du vorher nicht gefühlt, und sehen, was du vorher nicht gesehen hast«, erklärte sie.

»Das klingt nach einem Aber«, sagte ich.

Madame nickte. »Du denkst, du bist am Ziel?«

»Das hatte ich gehofft, ja.«

»Du musst dich leider noch etwas gedulden. Das hier war nur eine weitere Hürde, die du auf deinem Weg genommen hast. Aber bald, ganz bald, liebe Jule, wirst du am Ziel sein.«

Mit diesen Worten drehte sie sich um und ließ mich

allein. Ich sah ihr nach. Langsam verschmolz ihr Körper mit der Dunkelheit der Höhle.

Ich grübelte, welche Aufgaben nun noch auf mich zukommen würden. Dann beschloss ich, meine Zeit nicht mit Spekulationen zu verplempern und mich stattdessen im Garten umzusehen.

Cupido hatte mir vom Garten der Liebe erzählt, der anderen Hälfte meines Herzens, die ich im Anschluss an die Tropfsteinhöhle entdecken würde. Es klang so, als wäre der Garten eine Art Belohnung für die Mühsal in der Höhle. So hatte ich Cupido wenigstens verstanden - was immer er auch gemeint hatte.

Das, was gerade vor mir lag, sah allerdings wahrlich anders aus als die von mir erwartete Belohnung. Ich hatte mir etwas völlig anderes vorgestellt und war, gelinde gesagt, enttäuscht.

Der Garten hatte seine prachtvollen Tage und seine Blütezeit schon lange hinter sich. Ich konnte zwar erahnen, dass er einmal ein buntes Paradies gewesen sein musste, eine Oase der Fülle und des Glücks. Aber nun waren die Blumenbeete mit ihren Stauden und Rosensträuchern verwelkt oder wirkten vollkommen vertrocknet. Ein ausgetrockneter orientalischer Springbrunnen unter einem Hain von ausgedörrten Orangen- und Kirschbäumen unterstrich den traurigen Eindruck dieses verlassenen Ortes.

Das Wasser, das ich eben hatte plätschern hören, war ein kleines Rinnsal, das aus etwa zwanzig Metern Höhe kraftlos von einem Felsvorsprung herunterrann und in ein von Steinen umsäumtes Bassin tröpfelte, das wahrscheinlich einst voller Wasser gewesen war.

Das große Reservoir, mit dem man bestimmt den ganzen Garten hätte zum Blühen bringen können, glich nun einer Pfütze. Für das ein oder andere Wasserpflänzchen im Felsbecken lieferte es gerade genug Feuchtigkeit zum Überleben. Kleine, zarte lilafarbene Blüten ließen mich erahnen, wie der Garten hätte aussehen können, wenn er gewässert und gepflegt worden wäre.

Lavendelbüsche, die wunderbar intensiv dufteten, säumten die sandigen Wege. Ihnen machte die Dürre nichts aus, und sie fühlten sich in der prallen Sonne pudelwohl. Die Wiese, die einen großen Bereich des Areals bedeckte, war gelb und vertrocknet. Sie erinnerte mich an Heu. Hier und da hatten ein paar Insekten das Glück, zusätzlich zum Lavendel eine weitere Blüte zu finden, die der Trockenheit trotzte. Dazwischen stand ein einzelner Kirschbaum, der auf wundersame Weise knallrote Früchte trug.

Ich lief ratlos durch den Garten. Was sollte ich hier anfangen, obendrein vollkommen auf mich allein gestellt? Wo war eigentlich Cupido? Er hatte mich doch in Empfang nehmen wollen.

Enttäuscht setzte ich mich auf einen Felsen, der ein wenig Schatten von den spärlichen Bäumen bekam.

Plötzlich flatterte Cupido herbei.

»Was guckst du denn so traurig, Jule?«, rief er besorgt, umkreiste meinen Kopf und setzte sich dann auf meine rechte Schulter.

Ich verscheuchte ihn.

»Was denkst du denn, wie ich mich fühle, Cupido?«, erwiderte ich ärgerlich.

»Keine Ahnung. Sag du es mir«, trällerte er.

»Ich bin enttäuscht. Für dieses verkümmerte Stückchen Erde habe ich den ganzen Weg auf mich genommen. Ich habe gelitten und gekämpft, nur um am Ende hier in dieser Wüste zu landen.«

»Findest du nicht, dass es ein hübscher Garten ist? Zugegeben, er müsste mal wieder ein bisschen gewässert werden.«

»Hübsch?« Ich stand auf und stapfte los, um ihm das ganze Elend vor Augen zu führen. »Sieh dir das doch mal an!« In meiner Verzweiflung war ich den Tränen nahe. »Das soll der Garten meiner Liebe sein?«

»Was hast du denn erwartet?«, fragte er erstaunt.

»Etwas Wundervolles! Eine prachtvolle Blütenlandschaft. Eine Belohnung für all meine Mühen ...«, rief ich empört. »Ich dachte, ich wäre jetzt endlich am Ziel.«

Nun konnte ich meine Tränen nicht mehr zurückhalten. Ich schluchzte, und wenig später weinte ich hemmungslos. Mir schien, als würden aller Schmerz, alle Trauer und alle Enttäuschung aus mir herausfließen.

Cupido schwieg und wartete geduldig, bis meine Tränen versiegt waren.

Als ich mich beruhigt hatte, flog er zurück auf meine Schulter und legte sein Köpfchen sanft an meine Wange. Der kleine Specht wollte mich trösten.

»Es ist gut, wenn du mal richtig weinst«, sagte er. »Dann

wird alles durchgespült. Und wie du siehst, hört es von allein wieder auf, ohne dass du etwas dafür tun musst.«

Ich lächelte ihm dankbar zu und putzte mir die Nase. Er wusste, wie er mich aufmuntern konnte.

»Was macht dich denn so traurig?«, fragte er teilnahmsvoll.

»Habe ich dir doch gesagt. Ich bin enttäuscht«, erwiderte ich. »Das ist schon alles.«

»Ja. Aber ich möchte, dass du darüber nachdenkst, was hinter deiner Enttäuschung steckt. Wenn du so traurig bist, liegt dir vielleicht noch mehr auf der Seele als das Gefühl, enttäuscht worden zu sein. Es ist wichtig, dass du das erkennst. Dazu brauchst du zwar etwas Mut, aber es wird sich lohnen.«

Vielleicht war da etwas dran. Ich fragte mich, was mich so geschockt hatte. Zugegeben, der Zustand meines Gartens der Liebe war ein Grund, aber der Kern meiner Traurigkeit lag woanders.

Ich zupfte verlegen an den Rändern meines Taschentuchs herum. Der Gedanke kam mir schwer über die Lippen, aber ich gab mir einen Ruck. »Ich glaube, es hat mich geschockt, dass meine Liebe einer Wüste gleicht. Ich hätte selbst in meinen schlimmsten Albträumen nie gedacht, dass es so trostlos in mir aussieht.« Wieder kamen mir die Tränen.

»Dein Garten sieht so aus, weil nur deine liebevollen Gedanken und Gefühle ihn bewässern können. Aber da dein Geist die meiste Zeit mit deiner Angst und Selbstablehnung beschäftigt war, ist der Garten mehr und mehr vertrocknet und fast zu einer Wüstenlandschaft geworden. Im Gegensatz dazu konnten die Tropfsteine immer weiterwachsen und gedeihen«, versuchte Cupido mir die Zusammenhänge zu erklären.

»Mag schon sein, aber das macht es ja nicht besser«, schluchzte ich.

»Kannst du dir vorstellen, dir selbst zu verzeihen?«, fragte er.

»Was soll ich mir verzeihen?«, fragte ich irritiert zurück.

»Dass es in dir nicht so aussieht, wie du es dir vorgestellt hast«, schlug er vor. »Es ist wichtig, dass du dich so annehmen kannst, wie du bist. Mit deinen Sonnen- und deinen Schattenseiten. Du solltest dir immer wieder klarmachen, was du an dir magst, und dir selbst sowie anderen Fehler verzeihen können. Erst dann kann deine Liebe wieder fließen.«

Ich schwieg und trocknete mir die Tränen. Darüber hatte ich mir noch nie Gedanken gemacht.

»Wie stelle ich das denn an?«, fragte ich hilflos. »Ich bin gerne bereit, alles zu tun, um meinen Garten wieder zum Blühen zu bringen.«

»Was würdest du dir denn gerne verzeihen?«, bohrte er weiter.

Ich dachte nach. »Vielleicht, dass ich so lange blind war? Blind für das, was mir im Grunde wirklich wichtig ist. Ich habe mich zu wenig um die Liebe in meinem Herzen gekümmert. Es kommt mir so vor, als hätte ich sehr viel wertvolle Zeit damit vergeudet, etwas zu verdrängen oder mich abzulenken.«

Er nickte. »Jetzt weiß ich, was du dir vorwirfst. Und was magst du an dir, Jule? Gibt es etwas an dir, das deinen Vorstellungen entspricht?«

Ich überlegte erneut. Wie immer wollte mir spontan nichts einfallen.

Während ich noch mit Cupidos Frage beschäftigt war, flüsterte er mir plötzlich zu: »Hörst du das Rauschen, Jule?«

Ich hielt inne und blickte zum Felsvorsprung. Erstaunt sah ich, dass aus dem Rinnsal ein kleiner Wasserfall geworden war, der elegant und kraftvoll in die Tiefe stürzte. Cupido flatterte aufgeregt zu dem Felsen hinauf, um zu sehen, was dort geschehen war.

Als er zurückkam, rief er triumphierend: »Hab ich es mir doch gedacht! Meine Vermutung war richtig. Da du dich gerade gefragt hast, was du an dir magst und was du dir verzeihen möchtest, bist du wieder in Kontakt mit dir und deiner Selbstliebe gekommen, sodass sie endlich wieder fließen kann.«

Er flog aufgeregt vor mir hin und her und vollführte dabei kleine Kunststücke in der Luft. »Schau es dir an! Dort oben am Felsvorsprung liegt die Quelle, die durch deine Tränen gereinigt wurde. Dort entspringt deine allumfassende Liebe, deine Selbstliebe eingeschlossen. Aus dem dünnen Rinnsal konnte durch dich und die Hinwendung zu deiner Liebe wieder ein Wasserfall werden. Wenn deine Liebe weiterfließt, wird sich das Bassin auffüllen, sodass ein See deiner Liebe entsteht, der alles in deinem Garten erblühen lassen wird.«

Auch der orientalische Springbrunnen im Orangen- und Kirschbaumhain plätscherte nun leise vor sich hin. Überall floss Wasser, und der gesamte Garten duftete nach frischer Erde.

»Allumfassende Liebe«, wiederholte ich leise. »Was heißt denn das genau?«

»Es ist deine Fähigkeit zu lieben. Deine bedingungslose Liebe zu allem in deinem Leben, zu jedem Lebewesen, aber vor allem auch zu dir selbst. Sogar in der größten Dürre hat deine Quelle nie aufgehört zu pulsieren. Das bedeutet, dass deine Fähigkeit zu lieben nie gänzlich versiegt ist. Die Quelle war lediglich verstopft und ihr Strahl zu schwach, um das Bassin zu füllen. Das Wasser muss aber überlaufen, um deinen Garten zu bewässern. Denn dort stehen die Pflanzen für die Liebe zu deinem Leben, für deine Liebe zu Stefan, zu Tilda oder zu anderen Menschen und Dingen.«

Ich schwieg beeindruckt und beobachtete, wie das Wasser im Becken langsam überlief und sich in viele kleine Bachläufe verästelte, um so alle Blumen und Bäume zu bewässern. Die Natur saugte das Wasser gierig auf, und es machte Freude, sie förmlich aufatmen zu sehen.

»Mein Garten konnte also so verwahrlosen, weil ich den Kontakt zu meiner Liebe nahezu gekappt hatte und auch keine Liebe mehr mir selbst gegenüber empfinden konnte?«, hakte ich nach.

»Genau. Und wo keine Liebe ist, kann auch kein Vertrauen sein. Aber wenn etwas blühen und wachsen soll, ist beides erforderlich: Liebe und Vertrauen.«

»Das ist alles sehr miteinander verwoben«, stellte ich fest.

Ich war plötzlich fest entschlossen, den Zustand meines Herzens dauerhaft zu verändern. Ich wollte es wieder ins Gleichgewicht bringen.

Die Tropfsteinhöhle und mein Garten der Liebe sollten im Einklang miteinander stehen und sich gegenseitig so ergänzen, dass es mir guttat.

Wenn ich mein Leben ehrlich betrachtete, war ich in der letzten Zeit kaum noch in der Lage gewesen, meine Liebe für Stefan zu fühlen, geschweige denn sie ihm zu zeigen. Dieser Zustand war schrecklich und hatte mir rückblickend mein Vertrauen in uns und unsere Beziehung genommen.

»Irgendwann hätte es bei mir wahrscheinlich so staubig ausgesehen wie auf dem Mond«, stellte ich mit Blick auf den Garten nüchtern fest.

»Ja, schon möglich. Wenn du die Höhle nicht freigeräumt hättest, wäre dein Garten weiter verkümmert. Das, was in ihm steckt, welch eine Oase des Glücks dein Herz eigentlich in sich trägt, wäre dir verborgen geblieben.«

Cupido hob ab und flog wieder seine Runden. Ich sah mich währenddessen suchend um.

»Welche Pflanze steht eigentlich für meine Liebe zu Stefan?«, murmelte ich und hielt danach Ausschau. »Ich würde mich gerne um sie kümmern.«

»Schau dich ruhig genauer um. Vielleicht findest du sie ja selbst«, flötete mein gefiederter Freund.

Ich ging ein Stück über die wilde Wiese und erblickte in

einer Ecke eine Rose mit vertrockneten lila Blüten. Solch eine Rose hatten wir auch zu Hause in unserem Garten – Minerva war ihr schöner Name. Sie war nach der griechischen Göttin der Weisheit, des Krieges, aber auch der Heilung benannt. Wenn sie blühte, ging von ihr ein starker Duft aus, der den ganzen Garten erfüllte. Diese hier hatte lediglich einige gelbe Blätter mit braunen Flecken. Ich trat näher an sie heran und beugte mich zu ihr hinab.

»Das ist sie«, war ich mir sicher.

»Gut, dann pflege diese Liebe und kümmere dich um sie«, schaltete Cupido sich wieder ein. »Gib ihr, was sie braucht, um sich zu erholen. Und vertraue darauf, dass sie wachsen kann. Dann wird sie neu erblühen. Und wenn du auf den einen oder anderen Zweifel in Gestalt eines oder mehrerer kleiner Nagetiere stößt, dann verscheuche sie aus deinem Garten. Sie sind lästige kleine Biester und versuchen immer wieder, zu dir zurückzukehren.«

»Was denn für Nagetiere?«, fragte ich erstaunt.

»Dabei handelt es sich um deine nagenden Zweifel, die jede Pflege sofort wieder zunichtemachen, weil sie die Wurzeln von unten anfressen oder deine guten Vorsätze auf eine andere Art und Weise im Keim zu ersticken versuchen.«

Ich wusste, was er meinte. Blickte ich auf mein Leben zurück, so waren es stets meine Zweifel gewesen, die viele Entscheidungen infrage gestellt und sie dadurch immer wieder entkräftet hatten. Meine Unsicherheit hatte sich in diesen Fällen leider meistens durchgesetzt. Auch das wollte ich unbedingt ändern.

»Gut!«, rief ich tatendurstig. »Was muss ich noch wissen?«

Cupido drehte eine große Runde, flatterte zum Springbrunnen und setzte sich auf den Rand.

»Du weißt genug«, sagte er. »Ich werde dich jetzt allein lassen.«

»Aber kommst du denn nicht mehr zu mir zurück?«

Er sah mich an, und ich wusste, dass uns ein längerer Abschied bevorstand, vermutlich sogar ein endgültiger. Der Gedanke, ihn vielleicht nie wiederzusehen, stimmte mich tieftraurig.

»Ich bin immer bei dir«, tröstete er mich. »Weil ich als deine innere Stimme, als deine Intuition, ein Teil von dir bin. Vielleicht bin ich leiser als alle anderen Stimmen in dir. Aber wenn du in dich hineinhorchst und mir vertraust, werde ich dir stets die passenden Ratschläge geben und dich zu all den Erkenntnissen führen, die du brauchst. Auch wenn du mich nicht siehst. Du kannst dich immer auf mich verlassen.«

»Danke«, flüsterte ich leise und war schon wieder den Tränen nahe.

»Außerdem wirst du mich in den Wäldern finden, wenn du dich daran erinnern willst, wie ich aussehe«, witzelte er, und seine kleine rote Haube bewegte sich keck hin und her.

Ich musste an unsere erste Begegnung denken und daran, wie irritiert ich gewesen war, als ich ihn zum ersten Mal sprechen gehört hatte. Daran, wie sehr ich anfangs gezögert hatte, ihm zu folgen. Mittlerweile war er mir so vertraut, dass mir mein ursprüngliches Misstrauen völlig fremd vorkam. »Du kleiner, verrückter Vogel. Was bin ich froh, dass ich dich zum Freund habe und dir in mein bestes Leben gefolgt bin. Danke für alles! Und pass gut auf dich auf.«

»Nein! Das ist deine Aufgabe!«, entgegnete er mit gespielter Entrüstung. »Du musst gut auf mich aufpassen, Jule. Dann werde ich dir immer erhalten bleiben.«

Zum Abschied setzte er sich noch einmal auf meine Schulter. Ich fühlte sein zartes Federköpfchen an meiner Wange, drehte den Kopf zu ihm und gab ihm vorsichtig einen Kuss auf seine Federkrone. Dann flog er davon, und ich sah, wie er über den Bergen am Horizont verschwand.

Entschlossen machte ich mich an die Arbeit. Ich wollte mich meinem neuen Ziel zuwenden und meinen Garten der Liebe versorgen. Vor allem meine Liebe zu Stefan sollte neu erblühen.

In einer verwaisten Ecke meines Gartens und von welkem Laub überdeckt, fand ich einen Korb mit alten Gartenwerkzeugen, die teils verrostet, teils aber noch ganz gut in Schuss waren. Ich suchte mir ein paar passende Geräte aus und begann, die abgestorbenen oder krank aussehenden Triebe meiner Rose zu entfernen. Danach schnitt ich ganze Zweige bis weit nach unten ab, sodass sie wieder neue Kraft sammeln und fülliger nachwachsen konnten. Ich lockerte die Erde um die Pflanze herum, gab frische Erde hinzu und durchtränkte ihre Wurzeln mit viel Wasser aus dem See der Liebe.

Während ich mich mit der Pflege der Rose beschäftigte,

rückte Stefan mir gedanklich näher. Es war wie ein Ritual. Als würde ich mit meiner Arbeit unsere Liebe von alten und unguten Gedanken befreien und ihr wieder Luft und Kraft zum Atmen geben.

Die Sonne brannte. Bevor ich mich um die Liebe zu meiner Tochter Tilda kümmern würde, brauchte ich eine Abkühlung. Ich war durstig und ging zum See, wo ich meine Füße ins Wasser tauchte.

Der Wasserfall hatte nichts an Kraft und Fülle verloren. Ein lautes und kraftvolles Naturspektakel, dem ich gerne zusah und zuhörte.

Ich fragte mich, welche Blume oder welcher Baum für die Liebe zwischen Tilda und mir stand. Diese Mutter-Tochter-Liebe war die einzige, die die ganze Zeit über in mir lebendig gewesen war.

Ich sah mich um, und mein Blick fiel erneut auf den wunderschönen Kirschbaum mit seinen leuchtend roten Früchten. Er hatte einen starken Stamm und kräftige, ausladende Zweige. »Das könnte er sein«, dachte ich. Wild, ursprünglich und schön zugleich. Seine tiefen Wurzeln hatten ihn selbst die lange Dürreperiode überstehen lassen. »Ich müsste ihn nur etwas beschneiden, um ihn in eine neue, passendere Form zu bringen«, dachte ich und spielte dabei mit den Füßen im Wasser.

Schließlich hatte sich durch Tildas Auszug und ihr Leben in der Ferne unsere Beziehung verändert. Wie diese neue Mutter-Tochter-Beziehung nun aussah, wusste ich noch nicht genau. Zu lange, viel zu lange, hatte ich Tilda nicht mehr gesehen.

Ich war so tief in meine Gedanken versunken, dass ich nicht bemerkte, was um mich herum geschah. Daher erschrak ich fürchterlich, als sich plötzlich jemand neben mich setzte, die Beine ebenfalls ins Wasser eintauchte und seine langen Arme um mich schlang.

DER LEBENSBAUM

Tilda!«, rief ich und sprang vor Schreck auf. »Was machst du denn hier?«

Sie lachte ihr helles, unbefangenes Lachen. »Wir sind doch in deinem Garten der Liebe. Wieso wundert es dich also, dass ich auch hier bin?«

»Stimmt«, sagte ich. Das klang einleuchtend.

»Unseren Kirschbaum brauchst du übrigens nicht zu schneiden. Lass ihn einfach wachsen. Er wird schon seinen Weg finden, so wie es ihm gefällt.«

Ich schaute sie überrascht an. Nun konnte sie auch noch meine Gedanken lesen. Aber sie hatte recht. Vielleicht war der Wildwuchs die beste Form für unsere Beziehung. Warum hatte ich das nicht gleich erkannt?

»Komm, setz dich und erzähl, wie es dir geht!«, forderte sie mich auf und klopfte auf den Platz neben sich. »Es ist so schön, dich zu sehen, Mama. Ich habe dich sehr vermisst.«

Ich setzte mich und nahm sie fest in die Arme. »Wie schön, dass du da bist.«

Mich durchströmte eine Welle der Glückseligkeit, als ich den warmen Körper meines Kindes umschlungen hielt. »Mir geht es gut, Tilda. Du wirst kaum glauben, was ich alles erlebt habe. Ich kann es gar nicht in Worte fassen.« Ich hielt inne. Es war mir ein wenig peinlich, meiner Tochter zu erzählen, dass ich dem Ruf eines sprechenden Spechts gefolgt war. Was würde sie wohl von mir denken? Ich beschloss, mich an das Thema heranzutasten.

»Erinnerst du dich eigentlich daran, wann du zuletzt etwas Außergewöhnliches getan hast?«, fragte ich sie. Wir hatten uns in den letzten zwei Jahren so wenig gesehen, dass ich das Gefühl hatte, wir würden uns gerade ganz neu begegnen. Sie hatte sich sichtlich weiterentwickelt. Sie war nicht mehr das Kind, das in die Welt hinausgezogen war. Und ich durfte nicht an diesem Kind festhalten, denn das würde unserer Beziehung und vor allem Tilda nicht gerecht werden. Ich musste mit meiner Tochter eine neue, gemeinsame Ebene finden. Aber das wollte ich gern versuchen, denn ich war neugierig auf diese andere Tilda, die nun neben mir saß.

»Wie meinst du das?«, antwortete sie auf meine Frage, erstaunt über die Richtung, die das Gespräch nun nahm.

»Na ja, ich meine eben etwas Außergewöhnliches. Etwas, das dir in den Sinn kommt und das du dann einfach machst, ohne groß darüber nachzudenken. Einfach nur, weil du Lust darauf hast.«

»Ich mache öfter Sachen, auf die ich Lust habe«, antwortete sie. »Sachen, die anderen vielleicht sogar lächerlich vorkommen.«

»Aha. Und was zum Beispiel?« Ich war überrascht und neugierig zugleich.

»Verschiedenes. Ich kleide mich so, wie es mir gefällt,

egal, ob es zum Anlass passt oder nicht, ich schlafe mit so vielen Männern, wie ich will, oder trampe mehrere Wochen allein durch Kanada, weil ich meine Freiheit liebe. Oder ich springe einfach nackt in den nächsten See, wenn ich Lust darauf habe, egal, wer zuschaut und was die anderen Leute über mich denken. Ich lebe so, wie ich will. So wie die meisten Menschen, die sich aus Angst der Allgemeinheit anpassen und sich deshalb begrenzen, will ich nicht leben. Dagegen wehre ich mich. Ich will den Signalen meines Körpers und meinen Impulsen folgen, denn dann kann ich innere Grenzen sprengen und ganz neu denken«, erklärte sie mit klarer Stimme und voller Inbrunst.

»Ja, aber du bist auch jung und trägst noch keine Verantwortung. Da ist alles erlaubt, und niemand wundert sich. Du machst dich nicht lächerlich. Wenn ich mich so verhalten würde, wäre es etwas anderes«, erwiderte ich. »Stell dir mal vor, ich würde mir plötzlich auf einem Seespaziergang mit Stefan die Kleider vom Leib reißen und ins Wasser springen, nur weil mir danach ist. Er würde mich für völlig durchgedreht halten.« Ich musste bei der Vorstellung grinsen, fand aber auch irgendwie Gefallen daran.

»Woher willst du das wissen?«, entgegnete Tilda prompt. »Und wieso glaubst du, die Gedanken anderer zu kennen? Vielleicht denkt Papa genau das Gegenteil. Vielleicht sagt er sich: ›Endlich macht Jule mal etwas, das ihr guttut.‹ Und wenn er sieht, dass du Spaß hast und fröhlich bist, findet er dich dabei vielleicht sogar sehr sexy und ist ebenfalls glücklich.«

Ihre Worte machten mich nachdenklich. »Findest du, dass ich oft für andere denke?«

»Du verhältst dich manchmal so, als würdest du die Gedanken anderer Menschen kennen. Danach richtest du dann dein Handeln aus, und deshalb erfährst du nie, ob sie wirklich so reagiert hätten, wie du gedacht hast«, antwortete meine kluge Tochter.

Ich fragte mich, woher sie diese Weisheit nahm. Da kam mir plötzlich ein Verdacht. »Habe ich das etwa auch bei dir getan?«

»Manchmal«, sagte sie und baute mir eine Brücke: »Aber das machen ja viele Menschen.«

Ich merkte, dass sie noch mehr sagen wollte, aber aus Rücksicht auf mich lieber schwieg. »Ich sehe, dass du noch etwas sagen willst. Na los, raus mit der Sprache«, ermunterte ich sie.

Sie lächelte. »Ich habe mich gerade gefragt, ob ich mein ganzes Leben gerne so verbringen würde wie du. Engt es dich nicht ein, wenn du so denkst? Vielleicht verpasst du ungeahnte Möglichkeiten.«

Ich spielte verlegen mit den Füßen im Wasser. »Ja, da ist was dran, Tilda. Womöglich habe ich einige Chancen im Leben verpasst, weil ich mich nur darauf konzentriert habe, anderen gerecht zu werden.«

»Zu Beginn habe ich in Kanada auch immer darauf geachtet, was andere wohl von mir denken oder erwarten könnten. Dabei habe ich mich mit der Zeit selbst verloren. Es war ein schmerzhafter Prozess, das zu erkennen und zu verändern. Aber ich habe es geschafft«, stellte sie sachlich fest. »Du machst dein ganzes Glück dagegen von anderen abhängig. Ist dir das eigentlich klar?«

Ich glaubte in ihren Worten einen Vorwurf mitschwingen zu hören.

»Ist das jetzt eine Kritik?«, fragte ich. »Ich habe immer mein Bestes gegeben.«

»Das weiß ich, und du warst für mich die tollste Mutter, die ich mir vorstellen konnte, aber …«, sie unterbrach sich und suchte nach Worten.

»Ja? Aber?«, hakte ich nach.

Sie gab sich einen Ruck. »Aber ich habe eben genau das nicht von dir gelernt: Wie ich auf mich achte. Wie ich mich angesichts der Erwartungen anderer nicht selbst verliere. Wie ich zwar überall mein Bestes gebe, aber ohne dabei mich selbst aus dem Blick zu verlieren. Und dass ich Nein sagen darf, wenn ich etwas einfach nicht will, auch wenn es andere verletzen könnte. All das musste ich mir selbst beibringen.«

»Oh«, sagte ich und versuchte zu lächeln. Offenbar war ich als Mutter nicht perfekt gewesen. Das wurmte mich zwar, aber es blieb mir nichts anderes übrig, als es anzuerkennen.

»Ist es okay, dass ich dir das jetzt gesagt habe?«, erkundigte sich Tilda.

Ich nickte nachdrücklich. War es nicht so, dass man sich selbst die eigenen Unzulänglichkeiten verzeihen sollte? Ich entschied mich dafür, mir gedanklich das Positive aus der Sache herauszupicken und mir nicht wieder durch mein Beharren auf negativen Glaubenssätzen selbst zu schaden.

»Kreisläufe durchbrechen!«, befahl ich mir. Zugleich kam mir ein erhellender Gedanke.

»Aha. Deswegen Kanada. Möglichst weit weg, damit du dich frei und ohne unseren Einfluss entfalten kannst«, überlegte ich laut und schmunzelte. »Das verstehe ich.«

Tilda nickte ertappt.

»Das verstehe ich sogar sehr gut«, fügte ich hinzu. »Und offenbar hat es dir sehr geholfen. Danke für deine offenen Worte, Tilda. Das bedeutet mir viel.«

»Dann hat es sogar uns beiden geholfen«, erwiderte sie mit einem schelmischen Lächeln.

Wir konnten uns auf Augenhöhe begegnen.

»Komm!«, rief Tilda und sprang auf. »Lass uns den Gipfel erklimmen.« Sie deutete auf den Berg, an dessen Fuß der Wasserfall in die Tiefe rauschte.

Ich überlegte nur einen kurzen Augenblick, ob ich mich in dieses Abenteuer mit meiner Tochter stürzen sollte, dann sprang ich ebenfalls auf.

»Ja! Los geht's! Lass uns diesen Berg erklimmen«, rief ich unternehmungslustig.

Hinter dem Wasserfall entdeckten wir einen steilen schmalen Pfad, der direkt zum Gipfel führte.

»Wollen wir da wirklich hoch?«, fragte ich und war nun angesichts der enormen Steigung doch etwas verunsichert. »Vielleicht gibt es einen weniger anspruchsvollen Wanderweg. Weißt du, ich bin nicht mehr so fit wie früher. Eigentlich bin ich sogar ziemlich unbeweglich geworden. Außerdem tun mir allein beim Anblick dieses Gipfels alle Knochen weh …«

»Ach was, Mama!«, lachte Tilda. »Es sieht steiler aus, als es ist. Und du hast mir als Kind beigebracht, dass es wichtig ist, sich selbst zu vertrauen. Also vertrauen wir uns jetzt!«

»Aber was, wenn ich auf halbem Weg schlappmache? Oder wenn ...«

»Papperlapapp«, wischte sie meine Bedenken beiseite. »Dein Körper wird dir garantiert nicht mehr wehtun, wenn du oben angekommen bist. Und du wirst dich leicht und frei fühlen, weil dir das Glück in den Kopf schießt. Die Glückshormone werden dich alle Sorgen vergessen lassen. Das verspreche ich dir.«

Mit diesen Worten ließ sie mich einfach stehen und stapfte los.

»Na komm! Schritt für Schritt, einen nach dem anderen ...«, rief sie. »Das hast du mir doch immer gesagt, als ich noch ein Kind war.«

»Stimmt«, dachte ich. Gerade vertauschte meine Tochter einfach die Rollen. Nun war ich die Schülerin und sie meine Lehrerin.

Ich erinnerte mich an einen Artikel, den ich irgendwann mal gelesen hatte. Darin hatte gestanden, dass unsere Kinder das ihnen vermittelte Wissen viel schneller und besser ausbauen konnten, als es uns jemals möglich war. Die Evolution ließ uns also von Generation zu Generation wachsen. Dadurch konnten unsere Kinder und Kindeskinder uns in vielerlei Hinsicht beratend zur Seite stehen. Sie sahen oftmals schon sehr früh Zusammenhänge, die sich uns erst spät im Leben erschlossen.

Ich nahm mir vor, von meiner Tochter zu lernen. Und ich wollte auch all das, was ich bislang auf meiner Reise gelernt hatte, beherzigen.

Ich folgte Tilda also und versuchte, mich auf meine Schritte zu konzentrieren und nicht auf meine Ängste. Dabei zertrümmerte ich in Gedanken immer wieder den Glaubenssatz *Ich schaffe das nicht* und ersetzte ihn durch *Ich schaffe das*.

Ich hatte mein Ziel stur vor Augen. Sobald sich ein nagender Zweifel in mir ausbreiten wollte, verjagte ich ihn aus meinem Garten der Liebe, damit er die frische Saat nicht gleich wieder zunichtemachen konnte. So würde mein Garten weiter blühen und gedeihen.

In Gedanken streichelte und beruhigte ich auch meine Angsthasen. »Nach oben«, dachte ich. »Schau einfach nur nach oben und nach vorn. Nicht zurück und vor allem nicht nach unten.«

Meine Gedanken wirkten, und dennoch war der Weg unfassbar anstrengend. Mein Körper schmerzte, und ich bewegte mich schwerfällig. Mir war unendlich heiß. Der Schweiß rann mir übers Gesicht.

Schweigend liefen Tilda und ich hintereinander her. Irgendwo im Tal krähte ein Hahn. Ein leichter Wind sorgte für eine kurze Abkühlung.

Leichtfüßig wie eine Gämse sprang Tilda den Berg hinauf. Für sie schien es völlig normal zu sein, nicht zurückzuschauen. Sie hatte keine Angst, sondern war nur magisch angezogen von dem, was sie oben erwartete.

An einigen Stellen war der Pfad so steil, dass ich meine Hände zu Hilfe nehmen musste. Mit der Zeit wurde ich jedoch geschickter und damit auch sicherer. Ich gewöhnte mich an die neue Herausforderung.

Bald schon kraxelte ich beinahe routiniert vorwärts.

Ich begann, meine Schritte mit meinem Atem abzugleichen. Eine Übung, die ich einmal in einem Magazin gelesen hatte. Komischerweise fiel sie mir in diesem Moment wieder ein. Der Anleitung im Magazin zufolge sollte man beim rechten Schritt auf Eins einatmen, mit jedem weiteren Schritt beim Einatmen bis vier zählen, und dann auf Eins beim rechten Schritt ausatmen und dabei ebenfalls wieder bis vier zählen. Dann ging das Ganze wieder von vorne los.

Ich machte es, so gut ich konnte: Rechter Schritt, einatmen - eins -, linker Schritt - zwei-, rechts - drei -, links - vier -, rechter Schritt, ausatmen - eins -, links - zwei -, rechts - drei -, links - vier. Und wieder: Rechts, einatmen - eins -, links - zwei, drei ...

Zwischendurch blieb ich stehen, um ruhig und normal durchzuatmen. Dann versuchte ich es erneut.

Faszinierend war, dass ich an nichts anderes mehr dachte als an das, was ich gerade tat. Ich verschwendete keine Energie mehr auf irgendwelche Ängste oder Zweifel. Ich setzte nur einen Fuß vor den anderen und atmete dabei. Mehr nicht. Ich fand meinen eigenen Rhythmus und fühlte mich frei. Mir ging der Gedanke durch den Kopf, wie wichtig es doch war, den eigenen Rhythmus zu finden und ihm auch zu folgen. Er war so besonders und individuell wie der persönliche Fingerabdruck, und doch ließen sich viele Menschen von fremden Rhythmen bestimmen.

Während ich noch meinen Gedanken nachhing, erreichten wir plötzlich unser Ziel – viel schneller, als ich gedacht hatte.

Tilda behielt recht. Ich bereute es wirklich nicht, diese Strapaze auf mich genommen zu haben. Vor uns lag ein atemberaubendes Panorama. Ich blickte glücklich in eine schier unendliche Weite.

Unter uns war mein Garten der Liebe zu sehen, dahinter das Dorf mit all den Häusern, die ich auf meinem Weg in mein bestes Leben besucht hatte. Und wiederum dahinter lag der Wald, durch den ich gekommen war.

Zu meiner Rechten war in der Ferne eine Stadt zu erkennen.

Als ich mich umdrehte, verschlug mir der Anblick den Atem. Vor mir lag, zum Greifen nahe, das weite blaue Meer.

»Das ist ja der Wahnsinn!«, rief ich und spürte die Glückshormone, die Tilda mir versprochen hatte, durch meinen Körper strömen.

Ich fühlte den Wind im Gesicht und dachte: »Diesen Moment muss ich festhalten, damit ich mich immer daran erinnern und ihn mir jederzeit vergegenwärtigen kann. Ich werde niemals vergessen, wie es hier duftet, was ich höre und was ich gerade empfinde. So kann dieser Augenblick mir Kraft geben, immer dann, wenn ich sie brauche.«

Plötzlich tauchte ein Schwarm von Schmetterlingen auf. Sie umschwirrten mich in den schillerndsten Farben. Es war, als würde ich in ihnen baden, so viele waren es. Wie in der Orangerie tanzten sie um mich herum, so glücklich, bunt und ausgelassen, wie ich mich selbst gerade fühlte.

Ich hatte es also geschafft, meine Schmetterlinge wieder zum Fliegen zu bringen. Aus der dunklen Wolke, die ich in der Orangerie zurückgelassen hatte, war wieder ein farbenprächtiges Schmetterlingsmeer geworden.

Ich hätte die ganze Welt umarmen können, so glücklich war ich.

Mein ganzer Körper bebte. Jeder einzelne Muskel machte sich bemerkbar – darunter manche, von deren Existenz ich gar nichts gewusst hatte.

Tilda griff nach meiner Hand und hielt sie ganz fest.

»Spürst du auch dein Herz? Spürst du, wie es pocht?«, fragte sie mich leise, während sie meinem Blick in die Ferne folgte.

Dann legte sie sich ihre andere Hand auf die Brust und atmete tief ein, als wollte sie die Welt einsaugen.

Auch ich legte die Hand auf mein Herz und spürte, wie es pulsierte und das Blut und das Leben durch meinen Körper strömen ließ.

»Ist es nicht unglaublich, wie der Körper alles für uns tut, ohne dass wir ihm sagen müssen, was er zu tun hat?«, sinnierte Tilda. »Wir können uns voll und ganz auf ihn verlassen. Wir wollten hier hochklettern, und er hat dafür gesorgt, dass wir tatsächlich hier oben ankommen.«

Ich sah, dass diese Vorstellung sie begeisterte. Ihre klaren Augen blickten in die Ferne, zum Horizont. »Das funktioniert sogar nachts. Die Organe arbeiten einfach weiter,

während wir schlafen. Unser Herz pocht, unser Blut fließt, und wir atmen, ohne etwas dafür tun zu müssen.«

Ihre Stimme hatte einen weichen, fast zärtlichen Klang bekommen. »Erinnerst du dich noch? Damit hast du mich als Kind immer beruhigt, wenn ich nicht einschlafen konnte aus Angst, am Morgen nicht mehr aufzuwachen.«

Ich nickte. »Ich habe mit dir jeden Abend eine Körperreise gemacht und dir das Märchen vom Lebensbaum erzählt, der wie unser Körper zwischen Himmel und Erde aufgespannt ist und in beide Richtungen wächst. Mit seinen Wurzeln ist er tief in Mutter Erde verankert, damit selbst ein Sturm ihn nicht umwerfen kann. Seine Krone aber streckt sich dem Himmel entgegen und ist dort oben zu Hause. So sind auch wir Menschen. Mit den Füßen auf dem Boden, mit dem Kopf in den Wolken.«

»Und dazwischen strömt und pulsiert die Energie, die alles am Leben erhält«, fügte Tilda lächelnd hinzu.

Gedankenverloren schauten wir aufs Meer.

»Vielleicht besitzt jeder Mensch ja irgendwo auf dieser Welt einen eigenen Lebensbaum«, sagte sie schließlich. »Ich war als Kind jedenfalls davon überzeugt.«

»Und glaubst du immer noch daran?«, fragte ich sie.

»Sagen wir mal, die Vorstellung hilft mir. Aber ich komme mehr und mehr zu der Erkenntnis, dass es solche geheimen Verbindungen tatsächlich gibt.«

Ich wandte den Blick zu der großen, majestätischen Eiche, die gut sichtbar mein Dorf überragte und ihre Zweige wie ein schützendes Blätterdach über den Dorfplatz spannte.

»Seltsam«, dachte ich. War das der verkümmerte Baum, den ich bei meiner Ankunft noch hatte gießen wollen? Oder verwechselte ich ihn etwa? Cupido hatte ihn als besonderen Baum bezeichnet, der nicht vom Wasser lebte.

Ich kam zu dem Schluss, dass es ebenjener Baum sein musste, denn alle Häuser und Türme um ihn herum waren mir bekannt.

Unglaublich, was für eine Kraft er nun ausstrahlte. Selbst hier oben auf dem Gipfel des Berges war sie zu spüren.

Und dann traf es mich wie ein Blitz, und ich war mir urplötzlich sicher: Diese Eiche war mein Lebensbaum. Er musste es sein! Offensichtlich hatte er sich erholt, seit ich mich im Dorf um mich selbst gekümmert hatte. Ich erinnerte mich daran, wie er ausgesehen hatte, als ich gerade angekommen war. Wie trostlos hatte es in mir ausgesehen, wie wenig Beachtung hatte ich meinem Körper geschenkt.

Ich wandte mich wieder Tilda zu. »Mir war es wichtig, dass du deinen Körper verstehst, damit du ihn immer gut behandeln würdest. Du solltest erkennen, was er braucht, ob nun Bewegung, Ruhe oder deine Aufmerksamkeit.«

»Hast du eigentlich auch nach dieser Regel gelebt?«, fragte sie.

»Nein, leider nicht immer«, antwortete ich ehrlich.

Der einstige Zustand meiner Lebenseiche hatte mir gezeigt, dass ich selbst meiner Philosophie des Körpers in den letzten Jahren nicht mehr gefolgt war. Ich hatte alles vergessen. Es war in einem dunklen Nichts verschwunden.

Ich betrachtete Tildas schöne, weiche Gesichtszüge im

Profil. Es war eigenartig, dass meine Tochter mir erst wieder bewusst machen musste, was früher für mich immer selbstverständlich gewesen war. Im Gegensatz zu mir hatte sie die Geschichte vom Lebensbaum verinnerlicht und lebte danach.

»Behandle deinen Körper gut, damit deine Seele Lust hat, darin zu wohnen«, flüsterte ich und bückte mich nach einem Stein, den ich im Sand vor mir liegen sah. Es kam mir so vor, als würde ich dabei jeden Knochen spüren.

Tatsächlich schmerzte mein Körper nach der anstrengenden Kletterpartie, aber es war ein wohltuender Schmerz. Ich empfand sogar so etwas wie Zufriedenheit. Ich spielte mit dem Stein in meiner Hand und ertastete seine Form und Struktur.

»Ich habe die Zeichen meines Körpers und das, was er mir sagen wollte, verdrängt. Er hat in der letzten Zeit jeden Morgen beim Aufstehen so geschmerzt, dass ich glaubte, ich müsste mich damit abfinden, weil es zum Älterwerden einfach dazugehört.«

»Und deshalb hast du entschieden, dich nicht mehr zu bewegen?« Tilda sah mich ungläubig an.

»Wenn ich ehrlich bin, dann war es so. Ich habe die eigentliche Botschaft meines Körpers offenbar nicht verstehen wollen.« Ich seufzte. »Er wollte mir wohl sagen: ›Los, beweg dich!‹«

»Du hast versucht, ihn zum Schweigen zu bringen, statt ihm zuzuhören.«

»Wie auch immer«, wischte ich den Gedanken beiseite.

Ich drehte den Stein noch einmal bedächtig in meiner

Hand, dann warf ich ihn, so weit ich konnte, und blickte gemeinsam mit Tilda aufs Meer. Wir beobachteten, wie die Sonne langsam am Horizont im Meer verschwand.

»Manchmal denke ich, das Meer ist der Herzschlag der Welt, und die Wellen sind sein Atem«, sagte Tilda nachdenklich.

»Wie kommst du denn darauf?«, fragte ich erstaunt.

»Na ja, es ist in ständiger Bewegung, obwohl es am Horizont völlig ruhig wirkt.«

»Stimmt. So habe ich das noch nie gesehen. Ein schönes Bild«, pflichtete ich ihr bei.

Tilda hatte schon früher die Gabe gehabt, meinen Blick für die Dinge und das Leben zu schärfen. Ich stellte fest, dass es noch immer so war, und empfand das als ein großes Geschenk.

»Mit meiner Mutter hatte ich nie solche Momente«, gestand ich. »Sie hätte es wahrscheinlich auch nicht zugelassen.«

Ich fühlte Trauer über das kühle Verhältnis zwischen mir und meiner Mutter in mir aufsteigen.

»Was war eigentlich mit euch los? Ich habe nie richtig verstanden, warum du Oma Gertrud immer aus dem Weg gegangen bist. Du hast es mir auch nie wirklich erklärt«, hakte Tilda nach. »Es war euch aber immer anzumerken, dass ihr beide darüber nicht glücklich wart.«

»Das ist schwer zu erklären«, sagte ich. »Auf jeden Fall wollte ich mein schlechtes Verhältnis zu ihr nicht auf dich übertragen. Du solltest mit deiner Oma deine eigenen Erfahrungen machen.«

»Und wie steht ihr jetzt zueinander?«

»Unser Kontakt ist nach deinem Auszug komplett abgerissen, und irgendwie habe ich nie mehr den richtigen Moment gefunden, mich mit ihr auszusprechen.«

»Aber was steht eigentlich zwischen euch? Wirft sie dir irgendetwas vor? Oder wirfst du ihr etwas vor?«, fragte Tilda. »Ich würde es gern verstehen.«

Ich suchte nach den richtigen Worten. Es war lange her, dass ich mich gefragt hatte, was mich so verletzte. »Ich habe es meiner Mutter übel genommen, dass sie während meiner Kindheit so wenig Zeit für mich hatte, mir so wenig eine Mutter war, obwohl ich sie gebraucht habe. Ich konnte nie verstehen, warum das so war. Ich war ein Kind und habe mich einfach nur ungeliebt und von ihr zurückgestoßen gefühlt.«

Ich unterbrach mich und wischte rasch eine Träne weg, die mir über die Wange lief.

»Ich kann mir kaum vorstellen, dass sie sich dir gegenüber so abweisend verhalten hat«, sagte Tilda. »Mich hat sie förmlich mit Liebe überschüttet.«

»Ich weiß, und mich hat es wiederum glücklich gemacht, dass sie dir eine so liebevolle Großmutter sein konnte wie mir Oma Pepe.«

»Hast du denn eine Ahnung, warum sie so geworden ist?«, fragte Tilda.

»Gertrud wurde schon mit zwanzig mit mir schwanger. Ihr Vater wollte unbedingt, dass sie heiratete. Sie willigte aber nur unter der Bedingung ein, dass sie ihr Studium trotz Kind und Ehe fortführen konnte. Deshalb nahm sie mich mit an die Uni und stillte mich während der Vorlesungen. Die 68er-Bewegung war gerade in vollem Gange. Es ging darum, das Rollenbild der Frau zu verändern. Kinder, Küche, Kirche reichte den Frauen nicht mehr. Unabhängigkeit und Karrierebewusstsein waren die neuen Ziele. Meine Mutter war eine extreme Verfechterin dieses Gedankens, der auch ihr ganzes Leben bestimmte. Was bei ihr allerdings zur Folge hatte, dass sie strikt danach lebte, ohne Rücksicht auf ihre Mitmenschen zu nehmen. Und das hatte wiederum zur Folge, dass sie teilweise auch mich und meine Bedürfnisse übersah.«

Tilda nickte nachdenklich. »Auch diese Medaille hat zwei Seiten, Mama. Es ist einerseits bewundernswert, was Oma Gertrud sich angesichts der damaligen Verhältnisse getraut hat, auf der anderen Seite hast du darunter gelitten.«

»Genau. Ich nehme ihr ja auch nicht übel, dass sie ein selbstbestimmtes Leben als Frau gewählt hat ...«

»Das hörte sich aber gerade ganz anders an«, entgegnete Tilda freundlich, aber bestimmt.

Ich überlegte genau, was mich so verletzt hatte. »Weißt du, es gab so wenig Platz für mich und vor allem so wenig Liebe.«

»Hast du ihr das mal gesagt?«

»Nein, aber wenn es zu einem Gespräch käme, würde ich ihr gerne ein paar Fragen stellen. Vielleicht suche ich aber insgeheim nur nach einem Weg, ihr zu verzeihen.«

»Aha. Und wie würde euer Gespräch ablaufen? Hast du dir das jemals vorgestellt? Ich meine, ganz konkret. Was sagt sie? Was sagst du? Wie fühlst du dich dabei, wenn du bekommst, was du dir von ihr wünschst?«

Ich versuchte mir diese Begegnung möglichst detailliert vorzustellen, sie wie einen Film vor meinem inneren Auge ablaufen zu lassen.

»Na ja«, begann ich zögerlich. »Ich würde mir wünschen, dass sie mir wirklich zuhört, nicht ausweicht und mir ehrlich auf meine Fragen antwortet.«

»Okay, und was noch?«

»Ich wünsche mir von ganzem Herzen, dass meine Mutter mich einfach mal in den Arm nimmt und mir das Gefühl gibt, dass sie stolz auf mich ist. Ich wünsche mir, dass sie mich wahrnimmt und mir sagt, dass sie mich so liebt, wie ich bin.«

Ich konnte mich nicht erinnern, dass ich diesen Wunsch jemals einem anderen Menschen gegenüber laut ausgesprochen hatte, aber jetzt war es raus.

»Ja, das wäre schön«, murmelte ich verlegen.

»Alles, was du dir von Herzen wünschst, was du intensiv durchlebst und fühlst, kann sich auch erfüllen. Ich habe es schon oft ausprobiert, Mama. Und es funktioniert, das kann ich dir versprechen.«

Ich war skeptisch, mochte aber Tildas Enthusiasmus nicht schmälern. Sie wollte nur das Beste für mich, das wusste ich. Und sie wollte die Menschen, die sie liebte, glücklich sehen. Ich nahm sie in die Arme und drückte sie fest an mich.

Sie erwiderte meine Umarmung. Nach einer Weile löste sie sich von mir und sagte: »Mama, ich muss jetzt los. Wir sehen uns bald wieder. Vergiss nie, dass ich dich von ganzem Herzen liebe.«

Ohne sich ein einziges Mal umzudrehen, stieg sie zügig den steinigen Abhang zum Meer hinab, der direkt in einen breiten Sandstrand überging.

AM MEER DES VERZEIHENS

Tildas Abschied ließ mich wehmütig zurück.

»Wenn du dem, was gewesen ist, nachtrauerst und darauf wartest, dass genau dieser Augenblick wiederkommt, wirst du in der Vergangenheit gefangen sein und nie im Jetzt leben«, hörte ich eine leise Stimme sagen.

Ich sah mich verwirrt um. »Hallo? Ist da wer?«

»Es gibt keine Wiederholungen des Augenblicks, also beharre nicht darauf«, fuhr die geheimnisvolle Stimme unbeirrt fort.

Plötzlich wusste ich, zu wem sie gehörte.

»Cupido?«, rief ich erfreut. »Bist du etwa doch wieder da?«

Ich hielt nach ihm Ausschau, aber er war nirgends zu sehen.

»Komm schon!«, rief ich. »Wo bist du?«

»Bringe dich immer wieder in den gegenwärtigen Moment und erschaffe von dort aus deine Zukunft. Und gestalte sie deinen Wünschen entsprechend.«

Ich stutzte. Es war definitiv Cupidos Stimme, da war ich mir sicher. Aber wo war mein gefiederter Freund?

Plötzlich erinnerte ich mich an seine Worte im Garten

der Liebe: »Ich bin immer bei dir, weil ich als deine innere Stimme, als deine Intuition ein Teil von dir bin ... Auch wenn du mich nicht siehst.«

Nun hatte ich verstanden.

»Ich kann dich hören!«, rief ich, außer mir vor Freude. »Es funktioniert, Cupido! Ich höre dich, obwohl ich dich nicht sehen kann.«

»Siehst du, früher hast du mich nie gehört, obwohl ich so oft zu dir gesprochen habe«, trällerte er amüsiert.

Früher war mir tatsächlich nie bewusst gewesen, dass ein witziger, wohlwollender und vor allem wertvoller Ratgeber in mir wohnte. Ich hatte ihn all die Jahre überhaupt nicht wahrgenommen. Aber nun vernahm ich meine innere Stimme endlich klar und deutlich.

Und sie lag richtig damit, dass ich der Begegnung mit Tilda nicht nachtrauern durfte. Dieser Moment war ebenso einmalig wie meine Tochter. Beim nächsten Mal würde wieder ein neuer Augenblick zwischen uns entstehen, darauf durfte ich vertrauen. Wenigstens konnte ich sie nun mit einem guten Gefühl loslassen. Ich wusste, dass es Tilda gut ging und sie auf sich achten würde.

Jetzt folgte ich ebenfalls dem kleinen Bergpfad, der hinunter zum Meer führte. Unten angekommen, ließ ich mich rücklings in den Sand fallen und blickte glücklich in den Himmel. Eine ungewohnte innere Stille erfüllte mich, begleitet vom angenehmen Rauschen des Meeres. Meine Gedanken kannten keine Zukunft und keine Vergangenheit. Ich befand mich im Hier und Jetzt, lag einfach nur da, fühlte meinen Körper und atmete ein und aus. Mehr nicht. Und dieses Gegenwärtigsein machte mich rundum zufrieden.

Etwas später setzte ich mich näher ans Wasser und blickte über den weiten, menschenleeren Strand. Vor meinen Augen brachen sich die Wellen, bevor sie mit Wucht an Land rollten und dort alle Spuren verwischten.

Das Meer griff nach allem, was ihm im Weg lag, und eroberte mit jeder Welle ein kleines Stück vom Strand, bevor es sich, als müsste es erst neue Kraft schöpfen, zurückzog, um sogleich einen neuen Anlauf zu nehmen. Weiße Schaumkronen tanzten auf den Wellen. Hier und da setzten sie ein paar Mitbringsel auf dem Strand ab. Muscheln, Steine oder Müll, den die Menschen achtlos ins Wasser geworfen hatten.

Ich liebte das kraftvolle Rauschen, das gemeinsam mit dem Wind wie ein Trommelwirbel über den Strand donnerte.

In der Ferne bemerkte ich nun die Silhouette einer Frau, die sich langsam auf mich zubewegte. Während sie näherkam, erkannte ich, dass sie in leicht gebeugter Haltung ging und Mühe hatte, gegen den Wind anzukämpfen.

Den Kopf hielt sie gesenkt. Mit einer Hand hielt sie ihren großen Hut fest, damit er nicht vom Wind weggerissen wurde. In der anderen trug sie einen Korb.

Ab und zu blieb sie stehen und stellte den Korb ab. Dann hob sie etwas vom Boden auf, schaute es sich prüfend an, warf es wieder fort oder legte es in ihren Korb. Sie schien dabei völlig in sich versunken zu sein.

Ich saß eine Weile nur da und beobachtete sie. Sie schien schon etwas älter zu sein. Der helle Strohhut mit breiter Krempe war mit einem rot-weiß gepunkteten Band unter ihrem Kinn festgebunden. Dazu trug sie einen weiten, cremefarbenen Leinenanzug. Sie wirkte mondän.

Schneller, als ich es vermutet hatte, war sie nur noch ein paar Steinwürfe von mir entfernt. Als ich sie zu erkennen glaubte, blieb mein Herz vor Schreck fast stehen. Das war doch... Aber war das überhaupt möglich?

Ich stand auf und ging ihr langsam entgegen.

»Mutter?« Immer noch war ich mir nicht sicher. »Bist du es?«

Ich versuchte einen Blick in ihr Gesicht zu erhaschen, aber der Hut verdeckte es zum großen Teil. Außerdem drehte sie mir immer wieder den Rücken zu, wenn sie Dinge aus dem Sand fischte.

Sie reagierte nicht auf mich. Völlig versunken in ihre Tätigkeit, sammelte sie ungerührt weiter. Zwar hatte ich noch immer nicht ihr Gesicht gesehen, aber ihre Bewegungen waren mir vertraut. Das konnte nur Gertrud sein.

Ich fragte mich, ob sie mich hören konnte. Sie hatte zwar eben flüchtig in meine Richtung geschaut, mich aber vielleicht nicht richtig erkennen können. Oder der Wind und das Rauschen des Meeres hatten meine Stimme verschluckt, mutmaßte ich.

Ich ging ein kleines Stück weiter auf sie zu. Diesmal rief ich lauter und mutiger. »Mutter! Ich bin es, Jule!«

Wieder keine Reaktion. Seltsam. Ignorierte sie mich bewusst? Wollte sie mich nicht sehen?

Ich versuchte es erneut. »Mutter! Hallo, ich bin hier! Jule, deine Tochter!«

Wieder keine Reaktion. Es schien, als würde sie mich weder sehen noch hören.

Nun lief ich mit großen Schritten auf sie zu, wedelte mit den Armen und rief erneut nach ihr.

Plötzlich blieb sie stehen und blickte genau in meine Richtung. Ja, ganz sicher, sie war es. Und diesmal verharrte sie. Auch ich blieb stehen. Hatte sie mich endlich erkannt?

Nach einem kurzen Moment ging ich weiter auf sie zu, doch sie drehte sich nun abrupt um und begann, in die entgegengesetzte Richtung zu gehen.

Seelenruhig spazierte sie einfach weg, während sie weiter den Strand absuchte. Ich konnte es kaum glauben. Sie musste mich doch gesehen und gehört haben. Und trotzdem wandte sie sich von mir ab? Ohne mir ein Zeichen zu geben? Was war nur mit ihr los?

Ich bemühte mich, sie einzuholen, kam aber nicht schnell vorwärts, weil der scharfe Wind und der tiefe Sand mich bremsten.

Schließlich stolperte ich und landete auf allen vieren im Sand.

»Mama!«, schrie ich, so laut ich konnte. Ich war empört.

Doch sie ging ungerührt weiter. Ich spürte Tränen der Wut in mir aufsteigen. Sandkörner prasselten mir ins Gesicht, sie fühlten sich an wie Tausende kleiner Nadelstiche. Ich begann zu weinen.

Plötzlich war ich wieder das kleine Mädchen von einst. Ich fühlte mich abgelehnt, ungeliebt und übersehen.

Wie oft hatte ich früher solche Situationen erlebt? Ich hatte nach meiner Mutter gerufen, aber sie hatte mich ignoriert, weil sie wichtigere Dinge im Kopf hatte. Oder sie war zu Terminen gegangen, ohne es mir zu sagen.

Die Erinnerungen aus meiner Kindheit überwältigten mich, schwappten über mich hinweg wie eine riesige Welle und ließen mich hilflos und mit dem schrecklichen Gefühl, ertrinken zu müssen, zurück.

Ich bin nicht liebenswert. Ich bin nicht genug. Ich werde nicht wahrgenommen. All meine alten Glaubenssätze dröhnten in meinem Kopf. Wie sehr sie mich in meinem Leben gebremst und was sie sonst noch angerichtet hatten, war mir in der Höhle auf schmerzvolle Weise bewusst geworden.

Ich sah meiner Mutter hinterher, die offenbar nach wie vor von meiner Anwesenheit nichts mitbekommen hatte.

Ich war immer noch völlig aufgewühlt, wollte diese Gefühle abschütteln, mich irgendwie abreagieren. Ich musste weg. Weg von ihr. Einfach nur fort. Wenn sie mich nicht sehen wollte, dann wollte ich sie auch nicht sehen.

Ich lief über den Strand, trat wütend nach allem, was mir im Weg lag. Ich schrie meinen Schmerz und meine Wut in den Wind, der sie weit aufs Meer hinaustrug.

Wann würde ich endlich begreifen, dass ich für sie schon immer ein Hemmschuh gewesen war, fragte ich mich sarkastisch. Sie hatte mich schließlich schon als Kind ständig übersehen. Ich hatte nicht in ihr Leben gepasst. Sie war nie da gewesen, wenn ich sie gebraucht hatte.

Wenn ich hingegen für sie da sein sollte, weil es für sie wichtig war und ihr in den Kram passte, dann musste ich herhalten und das Vorzeigekind sein. Sie präsentierte mich wie eine Puppe, die in solchen Momenten nach ihren Vorstellungen zu funktionieren hatte. Wie es mir dabei ging, war ihr völlig egal. Und nun behandelte sie mich ebenso lieblos wie früher, und der Schmerz und die Wut holten mich wieder ein. Hemmungslos weinte ich wie ein kleines Kind.

»Irgendwann werden die Tränen schon wieder versiegen«, dachte ich schließlich und erinnerte mich an meine Erlebnisse im Garten der Liebe. Also ließ ich vollkommen los. Ließ den Tränen endlich freien Lauf. Nur so würde ich mich bald leichter fühlen und in der Lage sein, neue Wege zu finden.

Allmählich beruhigte ich mich wieder. Der Schmerz wich und gab einem anderen Gefühl Raum.

Hatte ich nicht eben noch auf dem Berg mit Tilda den zaghaften Wunsch verspürt und zumindest in Erwägung gezogen, Mutter eines Tages zu verzeihen? Um so mit diesem Teil meiner Kindheit endlich abzuschließen? Mit aller Macht versuchte ich mich nun darauf zu konzentrieren.

Als Kind hatte ich sie nicht verstehen und ihr daher auch nicht verzeihen können. Weil ich damals abhängig von ihr gewesen war. Aber nun, als erwachsene Frau und Mutter, hatte ich am eigenen Leib erfahren, dass man Fehler machen, falsche Entscheidungen treffen und damit andere sehr verletzen konnte. Ich hatte aber auch erkannt, dass an jedem Tag ein Neuanfang möglich war. Die Vergangenheit war nicht zu ändern, aber die Zukunft konnte ich beeinflussen. Ich konnte sie gestalten. Was wollte ich also wirklich?

Ich schaute mich vorsichtig um. War Mutter mittlerweile fort? War sie immer noch da? Hatte sie mich nun doch erkannt? Kam sie vielleicht sogar auf mich zu?

Nein, es war alles wie zuvor. Vollkommen in sich und in ihre Suche vertieft, steuerte sie mal auf dieses, mal auf jenes Strandgut zu. Wenn etwas ihr Interesse weckte, hob sie es auf, betrachtete es nachdenklich und legte es dann in ihren Korb.

Es war erstaunlich. Ich wusste, dass ich meiner Mutter zusah, und doch kam sie mir fremd vor. Wie und womit sie sich an diesem Ort so intensiv und gedankenverloren beschäftigte und noch dazu so allein, das passte überhaupt nicht zu ihr.

Früher hatte sie keine Sekunde allein sein können und stets Publikum gebraucht. Ich hatte ein ganz anderes Bild von ihr in Erinnerung, aber unsere letzte Begegnung war schließlich eine ganze Weile her.

Nachdem ich von zu Hause ausgezogen war, um in einer anderen Stadt zu studieren, sahen wir uns nur noch selten. Und wenn, dann stritten wir uns. Also gab ich irgendwann auf und meldete mich nicht mehr.

Erst als ich mit Tilda schwanger war, nahm ich wieder Kontakt zu ihr auf. Ich wollte meiner Tochter die Chance geben, ihre Großmutter kennenzulernen.

Mutter hatte damals versucht, auch zu mir eine engere Verbindung aufzubauen. Doch für mich war es irgendwie zu spät gewesen, klärende Gespräche zu führen. Außerdem sprachen wir einfach nicht dieselbe Sprache. Wir waren zu unterschiedlich, und schon viel zu lange lagen unzählige Missverständnisse und ungeklärte Fragen zwischen uns. Also beschränkten sich unsere Gespräche auf das Nötigste.

Aber ich musste zugeben, die ganzen Jahre über war Mutter meiner Tochter eine gute Oma gewesen. Nach Tildas Auszug hatte ich hin und wieder eine plötzliche und nicht zu erklärende Sehnsucht nach meiner Mutter verspürt, was mich aber nicht dazu bewegen konnte, sie einfach anzurufen. Ich hatte diese Sehnsucht jedes Mal erfolgreich verdrängt.

Wollte ich ihr verzeihen? Und war nun der richtige Zeitpunkt dafür? Oder wollte ich mein Leben weiterhin mit Wut im Bauch und Sehnsucht im Herzen verbringen?

Ich ließ die auslaufenden Wellen meine Füße umspülen, während ich meinen Gedanken nachhing.

»Entscheide jetzt, was du willst«, meldete sich in mir Cupidos Stimme. »Und erinnere dich. Wenn du verzeihst, bleibst du in deiner Liebe, und dein Garten kann weiter blühen. Verharrst du aber im Groll, dann wachsen deine Tropfsteine, verfestigen sich und beschweren dein Herz.«

Ich hatte mir die Begegnung mit meiner Mutter zwar gewünscht, aber es überforderte mich, dass dieser Wunsch so schnell in Erfüllung gegangen war.

»Was mache ich denn jetzt?«, fragte ich mich unsicher. »Wie gehe ich vor?«

»Hör auf dein Herz«, antwortete meine innere Stimme.

Ich horchte in mich hinein und begriff.

»Ich bin mal wieder in meine eigene Falle getappt«, stellte ich fest. »Mutter hat nicht sofort auf mich reagiert, und schon spielt sich der alte Film mit dem vertrauten Muster ab.«

»Deine Verletzungen haben dich eingeholt«, tröstete mich Cupido. »Du bist der Situation mit deiner Mutter so begegnet, wie du es von deiner Kindheit an kennst und gewohnt bist. Und prompt hast du voreilig ein Urteil über sie gefällt, statt in Erwägung zu ziehen, dass vielleicht etwas anderes in ihr vorgehen könnte. Wieso ist sie überhaupt hier? Weißt du das?«

»Nein. Aber was hätte ich denn tun sollen?«

»Durch dein vorschnelles Urteil hast du dir die Chance auf etwas Neues genommen. Und du hast die Wünsche deines Herzens ignoriert. Erinnerst du dich daran, was du dir auf dem Berg mit Tilda vorgenommen hast?«

»Ja. Ich habe mir gewünscht, dass ich mich mit Mutter aussöhne. Ich habe mir die Möglichkeit gewünscht, ihr all die Fragen zu stellen, die ich ihr schon immer stellen wollte. Und ich würde gern liebevoll von ihr in den Arm genommen werden, während sie mir sagt, dass sie stolz auf mich ist«, flüsterte ich und spürte, dass der Gedanke daran mich ganz weich und verletzlich machte.

»Dann folge der Entscheidung deines Herzens!«, beharrte er.

»Ist es dafür nicht zu spät?«, wollte ich wissen.

»Nein. Es ist noch nicht zu spät, Jule. Du hast es in der Hand. Du kannst den Anfang machen, auf sie zugehen und ihr ohne Vorurteile offen und interessiert begegnen. Und wenn du es willst, kannst du sie sogar in den Arm nehmen.«

Ich sah meiner Mutter nach, die gerade in Richtung der Dünen lief.

»Ja. Es wird Zeit«, sagte ich entschlossen. »Sonst ist sie fort.«

Eilig lief ich ihr durch den warmen Sand hinterher. Als ich sie erreichte, legte ich vorsichtig meine Hand auf ihre Schulter. »Hallo, Mutter.«

Erschrocken drehte sie sich um. Ihr Gesicht war von der Sonne leicht gebräunt. Das Abendlicht zeichnete es weich und ließ ihre Gesichtszüge gleichmäßiger erscheinen, als ich sie in Erinnerung hatte.

Ich lächelte sie an.

»Ju... Jule?«, stotterte sie erfreut, als sie sich von ihrem ersten Schrecken erholt hatte. »Was machst du denn hier? Ich habe dich gar nicht kommen sehen.«

Ihre Augen leuchteten, wie ich es noch nie zuvor erlebt hatte.

Wir zögerten nur kurz, dann umarmten wir uns. Ihr Körper fühlte sich zart und zerbrechlich an.

»Was machst du hier?«, fragte ich sie.

»Ich verbringe hier seit Jahren den Sommer«, antwortete sie. »Ich wohne dort drüben, in der Hütte zwischen den Dünen.«

Sie zeigte auf ein weißes Holzhaus.

»Erkennst du es wieder?«, fragte sie und lächelte gespannt.

»Wie meinst du das?«, erwiderte ich. »Was soll ich wiedererkennen?«

Sie lachte. »Den Strand? Das Haus? Den… Leuchtturm?«

Irritiert blickte ich mich um, und tatsächlich entdeckte ich erst jetzt den pittoresken Leuchtturm, der hinter uns in den Dünen stand. Warum war er mir eben nicht aufgefallen? Seltsam. Offenbar war ich so mit meiner Wut beschäftigt gewesen, dass ich alles andere ausgeblendet hatte. Der Strand, der majestätische Leuchtturm und das weiße Holzhaus zwischen den Dünen weckten meine Erinnerung.

Ich begriff, was Mutter mir sagen wollte: Ich war nicht zum ersten Mal hier. Es war der Strand meiner Kindheit.

Jedes Jahr hatten wir hier einen Teil der Sommerferien verbracht. Oft hatte Pepe uns besucht. Meist war sie geholt worden, wenn Mutter vorzeitig abreisen musste, um wichtige Termine wahrzunehmen. Vater war ähnlich schwer beschäftigt gewesen. In allen Ferien hatte es den Moment gegeben, in dem auch er in die Stadt zurückgerufen worden war. Als Dozent an der Uni war er viel unterwegs gewesen, etwa um Vorträge zu halten oder Konferenzen zu besuchen.

Die Sommer waren immer gleich verlaufen: Wir kamen als Familie, aber am Ende der Ferien war ich allein mit Oma Pepe. Sie war mein Fels und meine Konstante, während meine Eltern gern um sich selbst kreisten.

»Ich bin lange nicht mehr hier gewesen«, antwortete ich meiner Mutter ausweichend. »Aber du scheinst diesem Ort treu geblieben zu sein. Geht es dir gut?«

»Ja. Sehr gut, danke«, sagte sie. Ihre Stimme hatte einen anderen Klang als früher. Nicht mehr so kühl, gehetzt und sachlich, sondern wohltuend warm und in sich ruhend.

»Was machst du hier den ganzen Sommer über? Langweilst du dich nicht?«, fragte ich weiter.

»Nein, überhaupt nicht«, erwiderte sie gelassen.

»Früher hast du es nie länger als ein paar Tage hier ausgehalten und konntest es kaum erwarten, zurück in die Stadt zu kommen. Hat sich das etwa geändert?«, stichelte ich.

Sie schien unbeeindruckt von meiner kleinen Anspielung. Überhaupt war sie irgendwie anders. Sie wirkte milder als sonst. Damit nahm sie mir den Wind aus den Segeln. Sie betrachtete mich mit einem offenen und sanften Blick, der ganz neu für mich war.

»Weißt du, Jule, ich habe mich verändert«, erklärte sie. »Es gab einen Moment, da war ich gezwungen, über mich und mein Leben nachzudenken. Ich begriff plötzlich, dass ich nicht mehr so weitermachen konnte wie bisher. Ich musste raus aus dem Hamsterrad. Also bin ich in die Stille geflüchtet und ans Meer gefahren. Zum Glück hat dein Vater mich gewähren lassen. Er hat immer akzeptiert, was ich wollte, und mich nie gebremst, auch nicht, als es vielleicht angebracht gewesen wäre. Aber damals war ich ihm dankbar. Ich brauchte Ruhe, um alles neu zu sortieren und mich wiederzufinden. In dieser Zeit bin ich viel am Strand spazieren gegangen. Der Wind und das Meer haben meine Gedanken geklärt. Sie waren für mich gute Gesprächspartner.«

Ich blickte aufs Wasser hinaus. Das Meer sah aus, als würde es sich langsam schlafen legen. Es waren kaum noch Wellen zu sehen. Die spiegelglatte Wasseroberfläche schien am Horizont direkt in den Himmel hineinzugleiten.

»Was hast du da bei dir?«, fragte ich meine Mutter.

Wortlos hielt sie mir den Korb hin. Was ich sah, erstaunte mich. Ich erblickte einen alten Schuh, ausgewaschene und durch das Meer geschliffene Scherben, wunderschöne Muscheln, Steine in besonderen Farben und unterschiedlichen Formen, ein paar Möwenfedern und eine alte Flasche.

»Was hat das zu bedeuten? Räumst du den Strand auf?«, fragte ich. »Damit verbringst du jetzt deine Zeit? Wirklich?«

»Das kannst du sehen, wie du willst«, erwiderte meine Mutter, und mit bedeutungsvoller Miene, so als würde sie mir ein großes Geheimnis verraten, fügte sie hinzu: »Ich sammle hier Erinnerungen, Jule.«

Sie fischte den alten Schuh aus ihrem Korb. »Was für eine Reise hat dieser Schuh wohl schon hinter sich? Was hat er alles erlebt? Wem hat er gehört? Hast du dir darüber jemals Gedanken gemacht, wenn du einen Schuh am Strand entdeckt hast?«

Begeistert betrachtete sie das hässliche Ding. Es war ein alter Frauenschuh mit zerrissenen Schnürsenkeln und einer angefressenen Spitze. Das Meer hatte an ihm seine Spuren hinterlassen.

»Oder diese Flasche hier«, fuhr sie fort. »Hat sie mal einen Brief mit einer wichtigen Botschaft transportiert? Und was war das für eine Botschaft? Vielleicht ein Liebesbrief? Hat die Nachricht einen anderen Menschen glücklich gemacht? Wie ging es dem Menschen, der aus dieser Flasche getrunken hat? Weißt du, ich frage mich, welche Geschichten all die Dinge erzählen könnten, die man hier findet.«

Wieder kramte sie in ihrem Korb. Ich beobachtete irritiert, wie sie selbstvergessen und hingebungsvoll ihre Schätze präsentierte. War diese Frau tatsächlich meine Mutter? Das alle passte nicht zu ihr oder jedenfalls nicht zu dem Bild, das ich bisher von ihr gehabt hatte.

»Wieso sammelst du all diese Dinge?«, fragte ich.

Statt mir eine Antwort zu geben, zog sie ein neues Fundstück aus ihrem Korb. »Diesen hübschen Stein hier, mit seinem natürlich entstandenen Loch in der Mitte, bezeichnet man als Hühnergott. Ich frage mich, seit wie vielen Millionen von Jahren er bereits im Meer lag. Er wurde erst mit der Zeit zu dem, was er heute ist. Wir können uns kaum vorstellen, was er für einen Weg hinter sich hat. Wer hat ihn schon in der Hand gehabt und dann achtlos wieder ins Wasser zurückgeworfen? Welche Geheimnisse könnte er uns verraten? Und welche Gedanken hat er bei jenen ausgelöst, die ihn aufgehoben und sich an seinem Anblick erfreut haben?«

Ich streckte die Hand aus. »Darf ich?«

»Natürlich.« Sie gab mir ihren Schatz.

»Solche Steine habe ich früher oft mit Pepe gesammelt.

Wir haben Sachen daraus gebastelt, Mobiles zum Beispiel, und sie in der Hütte aufgehängt. Damals sind sie dir nicht einmal aufgefallen.«

Wieder ließ sie sich durch meine kleine Provokation nicht zu einer negativen Reaktion verleiten, sondern stellte entspannt fest: »Ja, aber jetzt nehme ich mir die Zeit, mich damit zu beschäftigen. Inzwischen kenne ich sogar ihre Bedeutung.«

»Großmutter hat immer gesagt, dass es Glückssteine sind, die uns beschützen. Deswegen haben wir Mobiles daraus gebaut«, erinnerte ich mich.

»Da lag sie richtig. Früher wurden diese Steine von den Bauern zum Schutz der Hühner eingesetzt. Die Hühnergötter sollten sie vor einem Blitzschlag bewahren.«

Ich wog den Stein in meiner Hand.

»Darf ich ihn behalten?«, fragte ich meine Mutter zögerlich.

Ihr Gesicht hellte sich auf. Offenbar freute sie sich darüber, dass sie mir eine Freude machen konnte. »Aber natürlich, Jule!«

»Danke«, sagte ich und war ihr wirklich dankbar.

Ich hielt den Stein fest umklammert in meiner Hand. »Und was machst du mit all den anderen Sachen?«

»Ich nehme sie mit, fotografiere sie, denke mir jeweils eine Geschichte dazu aus und schreibe sie auf. Es sind zwar nur meine eigenen Geschichten dieser Gegenstände, aber damit gebe ich ihnen eine Bedeutung.« Ihr Blick wanderte routiniert über den Boden, bevor sie fortfuhr. »Vielleicht werde ich eines Tages ein Buch veröffentlichen und eine Ausstellung mit diesen Erinnerungsstücken machen. Wer weiß.«

Wieder bückte sie sich nach einem Gegenstand, fischte ihn aus dem Sand und legte ihn vorsichtig in den Korb.

»Platzt deine Hütte nicht bald aus allen Nähten, wenn du jeden Tag körbeweise Strandgut sammelst?«, fragte ich skeptisch.

»Nein. Ich nehme ja nur besondere Erinnerungsstücke mit. Solche, mit denen ich etwas verbinde und zu denen mir eine Geschichte einfällt.«

Ich wollte unbedingt ergründen, wie es zu ihrer Veränderung gekommen war. Was war passiert in den Jahren, in denen wir kaum Kontakt gehabt hatten? Also hakte ich nach.

»Versteh mich bitte nicht falsch, Mutter, aber du bist so ganz anders, als ich dich kenne. Beinahe das komplette Gegenteil von dem Menschen, mit dem ich meine Kindheit und Jugend verbracht habe. Was ist aus deiner Liebe zu Markenklamotten und Luxuswaren geworden? Früher hast du eine Aversion gegen alles gehabt, was alt war und gebraucht aussah. Und die Einsamkeit war dir verhasst. Du konntest noch nie gut mit dir allein sein.«

Sie hörte sich geduldig an, was ich zu sagen hatte.

»Ja, das stimmt«, gab sie zu.

Es klang wie eine Feststellung. Früher hatte sie sich in solchen Situationen immer gerechtfertigt, nun akzeptierte sie meine Wahrheit.

Dennoch war ich nicht mehr zu stoppen. Ich wollte sofort alles klären, was mir auf dem Herzen lag. Ohne Antworten auf all meine Fragen würde es nie wirkliche Vergebung und eine Annäherung zwischen uns geben. Und ich hatte das Gefühl, dass dieser Moment vielleicht die letzte Chance war, reinen Tisch zu machen.

»Du hast es geliebt, dich auf deinen geschäftlichen Empfängen in luxuriösen Outfits zu präsentieren. Und du warst erst glücklich, wenn alle Augen auf dich gerichtet waren. Du hieltest es für Zeitverschwendung, nach einer tieferen Bedeutung im Leben zu suchen. Der schöne Schein war dir wichtiger. Und der Erfolg. Und die Karriere. Überhaupt war dir fast alles wichtiger als ... deine eigene Tochter.«

Stille. Sie blickte verlegen zu Boden, als würde sie dort eine Erklärung für ihr Verhalten oder zumindest die richtigen Worte finden.

Aber ich war noch nicht fertig. Die Vorwürfe flossen nur so aus mir heraus.

»Du hast durch Abwesenheit geglänzt, Mutter«, fuhr ich fort. »Und trotzdem musste ich, wenn es für dich wichtig war, das Vorzeigekind spielen. So funktionieren, wie es deinen Vorstellungen entsprach. Wie es mir dabei ging, war dir egal.«

Sie stand nur da und hörte mir mit geschlossenen Augen zu.

»Wieso war dir alles andere wichtiger als ich? Lag es an mir?«, flüsterte ich.

Wieder herrschte Stille. Ich spürte, wie sehr sie meine Worte trafen, und einerseits tat sie mir leid. Andererseits wollte ich sie mit meinen Worten treffen. Vielleicht wollte

ich sie sogar so verletzen, wie sie mich verletzt hatte.

»Ja, Jule, es stimmt, was du sagst«, begann sie zögerlich. »Leider. Es hat viele, viele Jahre gebraucht, bis ich in der Lage war, die Oberflächlichkeit, in und mit der ich lebte, zu durchschauen. Die Leute bewunderten gar nicht mich. Es ging nur um Äußerlichkeiten und um meine Position. Ich als Mensch war ihnen völlig egal.«

Sie stockte und holte tief Luft. Ich sah, wie viel Kraft es sie kostete, sich meinen Vorwürfen und ihrer Vergangenheit zu stellen.

»Du hast recht. Früher habe ich es sehr genossen, im Mittelpunkt zu stehen, und ich habe es auch gebraucht. Ich wollte bestaunt werden. Und dazu gehörte, dass ich ständig neue Kleider oder Schmuck kaufte und immer mehr Geld investierte, um en vogue zu sein. So hatte ich das Gefühl, aufzufallen und bewundert zu werden. Anfangs war es mir egal, dass ich immer mehr dafür tun musste. Hauptsache, ich bekam Anerkennung. Verstehst du, Jule? Es war wie eine Sucht. Ich brauchte diesen Kick um jeden Preis.«

»Der Preis war sehr hoch«, warf ich verbittert ein. »Und ich habe ihn ebenfalls bezahlen müssen.«

Sie nickte traurig. »Ich weiß. Ich habe es leider zu spät begriffen. Irgendwann begann sich mein Leben schal und leer anzufühlen. Es machte mir keine Freude mehr, ständig zusätzliche Dinge anzuhäufen, um Menschen zu beeindrucken, die mir eigentlich nicht wichtig waren. Ich spürte, dass ich meine Freiheit und Unabhängigkeit gegen oberflächliche Privilegien eingetauscht hatte. Das setzte mich unter Druck und war schließlich Stress pur. Ich habe für andere gelebt und mich am Ende dabei selbst verloren.« Sie hielt inne. Tränen traten ihr in die Augen. »Und leider habe ich dabei auch dich verloren, was ich ungeheuer bedauere, weil ich dich sehr liebe.«

Sie blickte mich an, die Tränen liefen ihr nun über die Wangen. Sie beeilte sich, sie wegzuwischen. »Zum Schluss fühlte ich mich nur noch einsam.«

Plötzlich tat sie mir sehr leid. Noch nie hatte sie Schwäche gezeigt, geschweige denn geweint. Und sie war auch noch nie so aufrichtig zu mir gewesen. Zudem hatte sie mir endlich einmal gesagt, was ich mir schon immer von ihr gewünscht hatte: dass sie mich liebte.

»Ich habe lange gebraucht, um mir einzugestehen, dass ich als Mutter versagt habe.« Sie murmelte dies kaum hörbar und suchte dabei erneut meinen Blick.

Als wir uns in die Augen schauten, wurde mir langsam etwas klar: Es hatte nicht an mir gelegen. Es war allein ihre Geschichte, mit der sie zu kämpfen hatte. Das verstand ich nun.

Sie strich mir zärtlich über die Wange. Vorsichtig hakte ich mich bei ihr unter.

»Lass uns ein Stück gehen«, schlug ich vor. »Dabei lässt es sich besser reden.«

Wir spazierten los und hinterließen Fußspuren, die schon bald von den Wellen verwischt wurden.

»Erzähl mir mehr von deinem neuen Leben hier«, bat ich.

»Eines Tages blieb meine Aufmerksamkeit an Sachen hängen, die am Strand herumlagen, weil das Meer sie angespült hatte. Es war so, als würde ich in ihnen Bruchstücke meiner eigenen Lebensgeschichte erkennen. Wie bei diesem Damenschuh hier. Er war mal wertvoll, aber jetzt erinnert sich bestimmt niemand mehr an ihn. Also begann ich, diese Dinge zu sammeln. Ich nannte sie *Meine Erinnerungsstücke*. Bei meinen Erinnerungsspaziergängen empfand ich auf einmal so etwas wie Glück. Ich freute mich darüber, Dinge zu finden und ihnen eine Bedeutung zu geben. So habe ich auch angefangen, mein eigenes Leben zu reflektieren.«

»Du hast hier ein kleines Glück gefunden. Schön.«

»Ja. Das stimmt.« Sie lächelte versonnen. »Ein kleines Glück.«

Sie spürte, dass mir etwas auf dem Herzen lag.

»Was denkst du gerade?«

Ich wusste, es war an der Zeit, ein weiteres Thema anzusprechen, das mich in all den Jahren gequält hatte.

»Ich habe mich oft gefragt, ob du jemals glücklich mit mir warst«, murmelte ich leise. Die Vorstellung, dass ich meine Mutter als Kind vielleicht nie glücklich gemacht und ihr nie genügt hatte, egal, wie sehr ich mich auch darum bemüht hatte, war ein schrecklicher Gedanke.

»Natürlich war ich glücklich über dich«, erwiderte sie. »Aber der Drang nach Anerkennung durch die Gesellschaft war, wie gesagt, wie eine Sucht. Diese Sucht zu befriedigen, hatte für mich Vorrang. Ich habe lange gebraucht, um das zu erkennen.«

»Ja, du hast sehr lange gebraucht«, bestätigte ich leise. »Weißt du eigentlich, was du mir damit angetan hast?«

»Ich ahne es«, sagte sie kleinlaut.

»*Und beim nächsten Mal machen wir das dann richtig gut, Jule*. Erinnerst du dich an diesen Satz?«

Sie überlegte. »Habe ich das gesagt?«

»Ständig«, stieß ich brüsk hervor. »Ihr beide habt es gesagt. Es war euer Credo. Ich sollte stets noch besser werden. Am liebsten wäre es euch wohl gewesen, ich hätte perfekte Leistungen vorweisen können. Aber dadurch war das, was ich als Kind geben konnte, leider nie genug. Und ich habe mich bis zur Verzweiflung und auch bis zur völligen Erschöpfung abgestrampelt, um euch zu gefallen.«

Jetzt kamen auch mir wieder die Tränen.

»Das tut mir so leid, Jule. Mir war damals nicht bewusst, wie sehr dich meine Erwartungen unter Druck gesetzt haben«, erklärte sie mitfühlend.

Ich las in ihrem Gesicht, dass sie ahnte, welchen Schmerz sie mir zugefügt hatte. Ja, sie hatte begriffen.

»Es bedeutet mir viel, dass wir dieses Gespräch führen, Jule. Ich habe lange darauf gehofft. Ich weiß, dass ich nichts von dem, was geschehen ist, rückgängig machen kann. Aber ich hoffe nach wie vor, dass du mir eines Tages verzeihen kannst.«

Unter Tränen sah ich sie an. Ich war berührt und auch erstaunt. Ich hatte nie an die Möglichkeit gedacht, dass auch sie sich nach Versöhnung sehnte. Aber das tat sie.

»Darf ich dich bitte in den Arm nehmen, Jule?«

Sie wirkte demütig und gleichzeitig souverän in der

Ruhe, die sie ausstrahlte. Mir schien, als würde sie mit jeder Reaktion von mir umgehen können, selbst mit einer Ablehnung.

Aber ich wollte sie nicht ablehnen. Ich nickte, und wir umarmten uns erneut.

Als wir uns in den Armen lagen, spürte ich, dass ihre Erwartungen an mich langsam immer mehr der Vergangenheit angehörten. Mir schien, als würden sie verblassen wie alte Fotos. Wir beide konnten sie nun loslassen. Meine Gefühle der Kränkung und ihre Gefühle der Schuld flossen mit unseren Tränen dahin. Ich ließ es einfach geschehen, dass sie mich tröstete, und damit tröstete ich auch sie. Es war so, als würden wir gerade all das nachholen, was mir in meiner Kindheit gefehlt und wonach ich mich in all den Jahren gesehnt hatte.

»Komm, setzen wir uns einen Moment«, schlug sie schließlich vor.

Erschöpft sanken wir beide in den weichen Sand.

»Ich bin erstaunt«, gestand ich. »Du hast dich wirklich sehr verändert.«

»Das hoffe ich«, erwiderte sie mit einem Lächeln. »Ich habe hier nach neuen Werten gesucht, nach beständigen, glaubhaften und erfüllenden Werten, die in meinem früheren Leben viel zu wenig vorhanden waren.«

Versonnen lauschte ich ihren Worten und ließ dabei eine Handvoll Sand durch meine Finger rinnen. »Du hast dich auf die Suche gemacht. Das ist mehr, als die meisten Menschen von sich behaupten können.«

Sie nickte. »Die Flucht ans Meer war meine Suche nach

dem Glück. Ich habe hier herausgefunden, dass es oft die kleinen Dinge sind, in denen das beständige Glück zu finden ist. Sie liegen meist so nahe, dass man sie auf der Suche nach dem großen Glück leicht übersieht.«

Ich fragte mich, ob auch meine Reise durch den Wald zum Dorf und nun ans Meer eine Suche nach dem Glück gewesen war. Sollte ich auf dem Weg in mein bestes Leben etwa herausfinden, was für mich Glück bedeutete?

Mutter schien meine Gedanken zu erraten.

»Glaubst du an das Glück, Jule?«, fragte sie mich.

Nachdenklich sah ich zum Horizont, wo gerade der letzte Strahl der Sonne vom Meer verschluckt wurde. Ich genoss die Weite und das Gefühl unbegrenzter Möglichkeiten.

Ich dachte an Cupido, an Madame, an den Professor mit meinen Schmetterlingen, an den alten Gustav in meinem Museum der Dinge, an Freddy und meine Angsthasen, an meine Herzhöhle, an meinen Garten der Liebe und schließlich an Tilda. All diese Orte und Begegnungen hatten mir die Augen geöffnet und meinen Blick auf mich und mein Leben verändert.

Vor meiner wundersamen Reise hätte ich keine Antwort auf die Frage gewusst, ob ich an das Glück glaubte. Oder besser gesagt, ob ich an *mein* Glück glaubte. Oder ob ich überhaupt an etwas glaubte. Nun war ich in der Lage, sie zu beantworten.

Ich sah Mutter direkt in die Augen. »Ja, ich glaube an das Glück.«

»Und was bedeutet es für dich?«

»Glück ist … Liebe.« Es klang unentschlossen, weil ich noch über ihre Frage nachdachte. Dann war ich mir plötzlich sicher. »Ja, mein Glück ist für mich die Liebe. Die Liebe zu den Menschen, die Liebe zum Leben, auch die Liebe zu mir selbst.« Ich ergriff ihre Hand, bevor ich weitersprach. »Und die Liebe zu den kleinen Dingen.«

Wir schwiegen eine Weile, saßen einfach nur da, Hand in Hand. Ich erinnerte mich daran, wie ich eben noch mit Tilda auf dem Berg gesessen hatte. Es musste ein ähnliches Bild gewesen sein.

»Komm, lass uns zu mir gehen«, beendete meine Mutter das Schweigen. »Ich mache uns was zu essen. Du kannst währenddessen draußen in der Hängematte die Abenddämmerung genießen. Die Farben des Himmels sind gerade besonders schön.«

Die Hütte war gemütlicher eingerichtet und wirkte im Abendlicht stimmungsvoller, als ich sie in Erinnerung hatte. Ich entdeckte eines der Mobiles aus Hühnergöttern, die ich mit Pepe vor vielen Sommern gebastelt hatte. Der Wind bewegte es leicht hin und her.

»Wahnsinn, das hängt ja immer noch an derselben Stelle«, rief ich aus.

»Ja, es ist eines dieser kleinen Dinge, über die wir eben sprachen«, erwiderte meine Mutter. »Ein kleines Stück vom Glück.«

Die Hängematte war auf der teilweise überdachten Veranda zwischen zwei Balken gespannt. Von hier aus hatte man einen wunderbaren Ausblick. Vor einem lag das Meer, darüber spannte sich der endlose Himmel mit der Silhouette des Mondes.

Die letzten Jahre waren nicht spurlos an der Hütte vorübergegangen. Die salzige Luft und das feuchte Klima hatten die Farbe von den Außenwänden abblättern lassen. Dennoch hatte sie von ihrem Charme nichts eingebüßt.

Während meine Mutter das Essen zubereitete, machte ich es mir in der Hängematte bequem. Als ich so dort lag, kam ich mir ein wenig wie Robinson Crusoe vor, gestrandet nach einer langen Reise. Ich genoss es, alle viere von mir zu strecken und mich bekochen zu lassen.

Urplötzlich machte sich eine große Müdigkeit und Erschöpfung in meinem Körper breit. Gleichzeitig spürte ich, wie erleichtert und glücklich ich war. Ich hatte das Gefühl, nun am Ende meiner Reise angekommen zu sein.

Ich holte den Hühnergott aus meiner Hosentasche und betrachtete ihn.

»Vielleicht werde ich mir ein Schmuckstück daraus machen«, dachte ich und hielt ihn fest in meiner Hand, als befürchtete ich, ihn zu verlieren oder wieder hergeben zu müssen.

Ich legte die geschlossene Hand mit dem Stein darin auf meine Brust und schaute zum Himmel hinauf. Mittlerweile hatte die Dunkelheit das letzte Licht des Tages endgültig verdrängt und offenbarte mir ein atemberaubendes Spektakel am Himmel. So viele Sterne wie in diesem Moment hatte ich noch nie zuvor gesehen. Ich ahnte nur vage die unendliche Weite des Weltalls und aus wie vielen Sternen die Milchstraße bestand. In der Dunkelheit, die an diesem Ort herrschte, wirkten die Himmelslichter überwältigend, trotz des Mondes, der zum Greifen nahe schien und den Strand und das Meer in flüssiges Silber goss.

Und dieses beeindruckende Stück Himmel über mir war lediglich ein Ausschnitt des Universums. Mir wurde plötzlich die Bedeutungslosigkeit meines Daseins bewusst. Im Vergleich zum gesamten Weltall war die Erde nur ein kleiner Planet und ich darauf eines von Milliarden winziger Sandkörner.

Ich erinnerte mich an ein Interview mit dem Astronauten Alexander Gerst. Er hatte gesagt, sein Blick aus dem Weltall auf die Erde habe seine Perspektive auf das Leben insgesamt verändert, denn selbst etwas so Großes wie die Erde werde endlich im Angesicht der Unendlichkeit.

Jetzt ahnte ich, was er damit gemeint hatte, und dieser Gedanke machte mich sehr demütig und dankbar.

Alles war eine Sache der Perspektive. Vom Mond aus betrachtet spielten meine Sorgen und meine kleinen oder großen Probleme keine Rolle mehr.

Wir alle waren vergänglich und hatten die Aufgabe, das Leben auf dieser Erde, so gut es ging, zu gestalten. Mit Kreativität, Intuition und dem Glauben an die Werte, die wir für lebenswert hielten.

Ich hatte diese Werte auf meiner Reise zu mir selbst, im Dorf meiner Persönlichkeit, wiedergefunden. Mein Glück, meine Liebe und meine Dankbarkeit waren die Dinge, die in meinem Leben wirklich zählten.

Es gab für alles den richtigen Zeitpunkt. Und ich konnte stets zum gegenwärtigen Augenblick, ins Hier und Jetzt, zurückkehren und von dort aus meine Zukunft selbst gestalten. Ich musste meine Vergangenheit nicht in einer Endlosschleife wiederholen und sie damit in die Zukunft schleppen. Ich war die Schöpferin meines eigenen Lebens geworden, geführt von meiner inneren Stimme, die für mich in Gestalt eines kleinen Spechts namens Cupido greifbar geworden war. Er hatte seinem Namen tatsächlich alle Ehre gemacht. Cupido, dem römischen Gott der Liebe, war es gelungen, mich mit seinem kleinen spitzen Schnabel immer wieder so ins Herz zu treffen, dass es zwar schmerzte, mich aber am Ende zu meiner Liebe zurückführte.

Dort! Eine Sternschnuppe! Es sah aus, als würde sie vom Himmel herunterpurzeln. Sie zog einen langen Schweif hinter sich her. Ein wunderschöner Anblick. Als kleines Mädchen war ich oft auf Sternschnuppenjagd gegangen. In den Sommern auf dem Land oder am Meer hatte ich mir nachts den Wecker gestellt, mich draußen unter den freien Himmel gelegt und nach ihnen Ausschau gehalten. Und manchmal waren meine Wünsche sogar in Erfüllung gegangen.

In Gedanken spazierte ich weiter durchs Universum.

Gab es einen Gott? Diese Frage hatte ich mir früher beim Blick in diesen überwältigenden Sternenhimmel oft gestellt, es aber im Laufe der Jahre aufgegeben, eine Antwort darauf zu suchen.

Jetzt tauchte die Frage plötzlich wieder auf. Und in diesem Moment war ich mir sicher, dass es da oben nicht nichts gab. Es musste dort etwas sein. Etwas, das größer war als wir. Vielleicht konnten wir es nicht sehen, aber wir konnten es fühlen, und es konnte uns zum Wundern bringen.

Vielleicht war es eine Energie, die uns mit unsichtbarer Hand lenkte und Dinge geschehen ließ, die wir niemals für möglich gehalten hatten und die wir mit unserem Verstand auch nicht erklären konnten.

Zumindest glaubte ich in diesem Augenblick daran. Und das war gut so, denn ich war überzeugt davon, dass wir Menschen an etwas glauben sollten.

Ob es der Glaube an uns selbst war oder der Glaube an das Glück, an die Liebe, an bestimmte Werte, an ein Schicksal oder an etwas ganz anderes. Es war unwichtig, solange er respekt- und liebevoll gelebt wurde. Denn Glaube war etwas zutiefst Persönliches.

Aber die entscheidende Frage *Woran glaube ich?* oder *Woran glaube ich in mir?* sollten wir uns im Leben mindestens einmal stellen, dessen war ich mir sicher. Denn der Glaube kann unserem Leben einen Sinn geben, er kann der Antrieb und der Halt unseres Daseins sein.

Während ich meinen Gedanken nachhing und dabei über mir noch weitere Sternschnuppen vom Himmel fielen, schlief ich ein.

DAS ERWACHEN

Als ich die Augen aufschlug, blickte ich in einen blauen, wolkenlosen Himmel. Wo war ich? In der Ferne hörte ich das Geräusch eines Rasenmähers. Ich richtete mich etwas auf, aber mein Körper war schwer und mein Kopf wie in Watte gehüllt.

Ermattet ließ ich mich wieder in die Hängematte sinken und begriff, dass dies nicht die Hängematte war, in der ich unter dem atemberaubenden Sternenhimmel eingeschlafen war.

Ich befand mich nicht mehr am Strand, sondern in einem Garten. Offensichtlich in meinem Garten. Ich beobachtete einen Schwarm schillernder Schmetterlinge, der durch die Luft tanzte. Wie schön es war, hier unter den Bäumen aufzuwachen.

Nun erinnerte ich mich daran, dass ich in den frühen Morgenstunden in den Garten gegangen war und mich in die Hängematte gelegt hatte. Ich musste vollkommen erschöpft eingeschlafen sein. Und dann?

Während ich noch überlegte, fiel mir auf, dass meine Stimmung an diesem Morgen deutlich besser war als in den vergangenen Wochen. Erstaunlich. Ich fühlte mich viel zufriedener als sonst.

Ich machte einen neuen Anlauf, mich aufzuraffen. Diesmal gelang es. Ich setzte mich auf den Rand der schaukelnden Hängematte und spürte das weiche Gras unter meinen Füßen. Ein angenehmes Gefühl.

Sanft schaukelte ich vor und zurück. Dabei fiel ein kleiner Gegenstand zu Boden, der auf der Hängematte gelegen haben musste. Als er auf meinem Fuß landete, was mir ein leises »Autsch« entlockte, sah ich, dass es ein kleines Päckchen war.

Ich hob es auf und entdeckte einen in Papier eingewickelten Hühnergott. Er glich jenem Stein, den ich im Schlaf am Meer gesehen hatte, wie ein Ei dem anderen. »Seltsam«, dachte ich und erkannte, dass auf dem zerknitterten Einpackpapier eine Botschaft geschrieben stand. Was ich nun las, fand ich noch seltsamer: *Beruhige deine Angsthasen, zertrümmere deine schlechten Glaubenssätze und entscheide, welche Dinge dir im Leben wirklich wichtig sind. Und nun: Lass die Schmetterlinge tanzen und den Garten deiner Liebe blühen!*

Perplex starrte ich auf den Zettel. Wie war das möglich? Ich erinnerte mich an meinen Traum. Er war ungewöhnlich, eindrücklich und sehr intensiv gewesen. Aber wie war es möglich, dass Traum und Wirklichkeit auf diese Weise miteinander verschmolzen? Wie konnte die fremde Welt, in die mich mein Traum geführt hatte, in meine Wirklichkeit hineinragen?

Mutter hatte mir diesen Hühnergott im Traum geschenkt. Nun lag er in meiner Hand, und ich fragte mich, ob er real war oder immer noch Teil eines Traumes, aus dem ich noch nicht erwacht war.

Ich las noch einmal die Zeilen auf dem Papier und steckte den Hühnergott mitsamt dem Zettel rasch in meine Hosentasche.

Dann schloss ich die Augen und atmete tief durch. Der leichte Wind strich mir durchs Haar. Was für ein herrlicher Sommermorgen. »Vielleicht sollte ich den Tag nicht mit Grübeleien über die vergangene Nacht beginnen, sondern mit einer Tasse Kaffee«, dachte ich.

Also stand ich auf und ging in Richtung Terrasse. Die Sonne stand bereits hoch am Himmel, was mich nun in leichte Panik versetzte. Wie spät war es? Musste ich nicht längst im Büro sein? Hektisch lief ich in die Küche und warf einen Blick auf die Backofenuhr. Es war bereits kurz nach zehn, und das hieß, ich hatte hoffnungslos verschlafen. Warum hatte Stefan mich nicht geweckt?

»Stefan?«, rief ich.

Keine Reaktion.

Ich irrte kopflos durch die Wohnung auf der Suche nach Stefan und entdeckte ihn, als ich zufällig durchs Küchenfenster in den Hof sah. Er werkelte an seinem Fahrrad herum und plauderte dabei mit Paul, unserem Nachbarn. Beide schienen guter Laune zu sein. Wieso war Stefan so entspannt, und wieso war auch er nicht im Büro?

Ich überlegte kurz, dann fiel bei mir der Groschen. Heute war Samstag. Wochenende. Ich war zeitlich desorientiert. Mir kam es so vor, als hätte ich mehrere Tage geschlafen. »Glück gehabt«, dachte ich. Entspannt konnte ich also wach werden und meinen Kaffee im Garten genießen. Gerade wollte ich mit meiner Tasse in der Hand dorthin zurückkehren, da kam Stefan in die Küche.

»Ach, du bist doch da«, wunderte er sich. »Ich dachte, du wärst schon unterwegs. Wolltest du nicht auf den Markt?«

»Na so was«, dachte ich. Hatten wir uns gestern Abend nicht gestritten? Für ihn schien die Sache bereits erledigt zu sein, denn er knüpfte einfach dort an, wo wir vor dem Streit aufgehört hatten. »Später vielleicht«, antwortete ich etwas einsilbig. »Und was hast du vor?«

»Ich suche meine Fahrradhandschuhe. Weißt du zufällig, wo die sind? Ich dachte, bei dem schönen Wetter dreh ich mal eine Runde mit dem Rad.«

Hatte er sich nicht gestern Abend erst auf sein Rad geschwungen und war einfach abgehauen? Ich hatte beinahe den Eindruck, als wäre das seine Antwort auf alle Fragen und Probleme: »Ich dreh mal eine Runde mit dem Rad.«

Bevor ich etwas erwidern konnte, war er schon wieder auf dem Weg nach draußen.

»Er macht also wie üblich sein Ding«, grübelte ich. »Ganz ohne mich. Eigentlich so, als wäre ich gar nicht da.«

Langsam schlenderte ich zurück in den Garten. Doch mit jedem Schritt wurde mein Herz schwerer. »Er liebt mich nicht mehr«, dachte ich. »Ich bin ihm gleichgültig. Ich interessiere ihn so wenig, dass er nicht mal ein freundliches Wort oder einen Gutenmorgengruß für mich übrig hat.«

Ich setzte mich traurig auf die Hängematte und bemerkte einen kleinen Vogel, der nur zwei Armeslängen von mir entfernt auf einem Zweig landete. Es war ein

Specht mit roter Haube. Er sah meinem nächtlichen Begleiter zum Verwechseln ähnlich.

»Cupido?«, flüsterte ich ungläubig.

Der Specht schien keine Notiz von mir zu nehmen, also rief ich leise: »Hey! Du! Ich erinnere mich an dich. Erinnerst du dich auch an mich?«

Der kleine Specht drehte seinen Kopf in meine Richtung, schaute mich kurz an und flog davon.

Ich blickte ihm nach. Schade. Aber was sollte er auch anderes machen? Sprechende Spechte gab es schließlich nur in seltsamen Träumen oder im Märchen.

Doch plötzlich vernahm ich den Rat einer vertrauten Stimme in mir. »Verliere nicht dein Ziel aus den Augen, Jule. Denk an deinen Garten der Liebe.« Unwillkürlich musste ich lächeln. Da war sie also tatsächlich, meine innere Stimme, so klar und deutlich, wie ich sie im Traum gehört hatte. Und nun wusste ich, was zu tun war. Ich lief zurück in die Küche und schaute in den Hof. Stefan war gerade dabei, auf sein Fahrrad zu steigen.

»Stefan!«, rief ich. »Warte bitte mal kurz!«

Ich lief hinaus.

»Was ist denn?«, fragte er unwirsch.

»Ich möchte, dass wir reden.«

»Worüber?«

»Über vieles. Vor allem aber über uns.«

Er seufzte leise. »Wir haben schon so oft geredet, Jule.« Er klang ein bisschen gereizt, aber auch traurig und irgendwie müde. »Und es ist immer das Gleiche. Es endet im Streit. So wie gestern.«

»Ich will nicht streiten, ich will reden. Richtig reden.«

»Immer wenn wir versuchen, miteinander zu reden, endet es damit, dass wir uns Vorwürfe machen«, sagte er. »Ich will nicht noch mehr Vorwürfe hören. Deshalb fahre ich jetzt in den Wald.« Um seine Worte zu unterstreichen, schwang er sich auf den Sattel.

»Es stimmt, was du sagst. So wie bisher können wir nicht mehr weitermachen«, erwiderte ich nachdrücklich.

Meine Worte ließen ihn zögern.

»Wir müssen etwas ändern«, fuhr ich fort. »Aber das können wir nur, wenn wir miteinander reden.«

Er sah mich an, unschlüssig, was er nun tun sollte. »Jetzt, oder was?«, grummelte er.

»Ja. Es wäre schön, wenn du dir jetzt Zeit nehmen könntest«, sagte ich.

Schließlich willigte er ein. »Okay, einverstanden.«

Der Anfang war gemacht. Kurz darauf setzten wir uns auf die Terrasse. Ich wusste nicht, was auf mich zukommen oder wo unsere Unterhaltung hinführen würde. Aber ich hatte eingesehen, dass dieses Gespräch überfällig war. Wir beide brauchten Klarheit.

Stefan hatte sich nicht umgezogen. In Fahrradklamotten, aber immerhin mit einer Tasse Kaffee in der Hand, saß er mir gegenüber und begann unser Gespräch damit, dass er schwieg. Auch das war eine seiner bevorzugten Strategien: Schweigen.

»Ich bin nicht mehr glücklich«, stellte ich sachlich fest, nippte am Kaffee und ließ ihm Zeit, auf diesen Satz zu reagieren.

Aber er schwieg beharrlich weiter und wartete, was ich sonst noch zu sagen hatte. Sein Schweigen war mir einerseits vertraut, andererseits konnte ich es nicht gut ertragen. Es war wie eine Wand, und ich hatte oft Angst, sie nicht überwinden zu können. Schon spürte ich die alte Verzweiflung in mir aufsteigen, aber ich war klug genug, meine Angsthasen zu beruhigen.

»Ich vermute und befürchte, dass auch du nicht mehr glücklich bist«, fuhr ich fort. »Aber ich möchte verstehen, was in dir vorgeht.«

»Ich kann nichts dafür, dass du unglücklich bist«, gab er zurück. Es klang abweisend, beinahe barsch.

»Das habe ich auch nicht behauptet«, erwiderte ich. »Aber ich wollte, dass du es weißt, weil es vermutlich einer der Gründe dafür ist, warum wir so viel streiten.«

»Wir streiten, weil du permanent schlechte Laune hast und immer an mir herumnörgelst!«, entgegnete er wütend. »Nichts kann ich dir recht machen! Immer beklagst du dich!«

Er sah mich an, offenbar darauf gefasst, dass ich nun meinerseits zu schimpfen anfangen würde. Aber ich schwieg tapfer und bedeutete ihm mit einem Kopfnicken, dass er weitersprechen sollte. Ich hatte um Klarheit gebeten, nun musste ich sie auch zulassen.

Er biss sich auf die Unterlippe, dann nickte er und fuhr fort: »Du glaubst, dass ich unglücklich bin? Wenn du die Wahrheit hören willst, dann bitte, hier ist sie: Ja, es stimmt, ich bin unglücklich. Mir graut es davor, abends nach Hause zu kommen, weil ich hier immer mit Vorwürfen empfangen werde. Lieber arbeite ich länger im Büro, als mit dir bis tief in die Nacht über die immer gleichen Probleme zu diskutieren. Und in meiner Freizeit bin ich deshalb oft mit dem Rad unterwegs, weil ich dann meine Ruhe habe.«

Ich nickte. Tatsächlich musste ich mich beherrschen, um nicht haltlos in Tränen auszubrechen. Ja, ich hatte die Wahrheit hören wollen, war aber nicht darauf vorbereitet gewesen, dass sie so schmerzhaft sein würde.

Ich sah, dass auch Stefan litt. Da war Verletztheit und Bitterkeit in seinen Augen, aber es blitzten auch Wut und Härte auf.

»Vielleicht habe ich es einfach aufgegeben, dich glücklich machen zu wollen, weil ich es sowieso nicht schaffe«, sagte er und ließ den Kopf hängen wie ein Boxer, der in seiner Ecke sitzt und ahnt, dass er den Kampf verloren hat.

Ich fragte mich, ob er jemals glücklich mit mir gewesen war. Seine Worte klangen so unerbittlich, dass ich Mühe hatte, den Mann in ihm zu sehen, der mich für die Frau seines Lebens hielt.

Und schon fühlte ich, wie sich eine Schlinge um meinen Hals legte und langsam zusammenzog. Ich schnappte nach Luft.

Was hatte ich nur angerichtet mit meinem Wunsch nach Klarheit und einem offenen Gespräch? Nun wusste ich, was er über mich dachte. Er fand mich nicht mehr liebenswert. Nun stand ich wirklich vor den Trümmern meiner Ehe, so wie ich es in meinen schlaflosen Nächten immer befürchtet hatte. Ich war definitiv zu weit gegangen.

Meine Angsthasen gerieten in Panik, und meine Alarmglocken begannen zu läuten. Ich erschrak. Was nun?

Ich konzentrierte meine Gedanken auf Freddy. Was hätte er mir in dieser Situation geraten? Im Geiste ging ich das Gespräch mit Freddy durch.

»Was genau macht dir Angst?«

»Ich habe Angst, ich könnte Stefan und mit ihm alles andere verlieren.«

»Gut, dann streichle deinen Verlustangsthasen. Erinnere dich daran, was du willst. Was ist dein Ziel?«

»Ich will ein glückliches Leben haben.«

»Und bist du glücklich mit Stefan?«

»Nein, aus diesem Grund will ich ja, dass sich etwas ändert.«

»Dein Angsthase will dich auf dieses Ziel aufmerksam machen. Jetzt weißt du also, wie du ihn beruhigen kannst.«

Tatsächlich war mir nun klar, was ich meinem Angsthasen zur Besänftigung sagen musste. Also flüsterte ich beinahe unhörbar: »Lieber Verlustangsthase, du kannst dich wieder beruhigen, du brauchst nicht mehr auf mich aufzupassen. Ich habe deine Warnung gehört. Das, was ich gerade tue, habe ich mir genau überlegt, und es ist jetzt richtig für mich. Ich weiß auch, dass es schmerzhaft sein kann, wenn man sich der Wahrheit stellt, aber meine Beziehung und mein Leben sind mir das wert.«

»An was denkst du?«, brach Stefan das Schweigen.

Ich sah ihn erschrocken an. Hatte er mich flüstern hören? Seine Gesichtszüge wirkten neuerdings härter als früher, strahlten aber immer noch jene Klarheit aus, die ich an ihm liebte. Ich wollte ihn nicht verlieren. Aber ich wollte auch nicht um jeden Preis so weitermachen.

»Ich spreche gerade mit meinen Angsthasen«, gestand ich und musste grinsen.

»Du tust... was?« Er runzelte die Stirn. »Muss ich das verstehen?«

»Nein. Aber ich kann es dir erklären. Ich hatte letzte Nacht einen Traum. Mir ist klar geworden, was mir in meinem Leben wichtig ist. Ich habe erkannt, dass es sich lohnt, für das zu kämpfen, was man liebt.«

Immer noch wirkte er irritiert. »Und was hat das mit deinen Angsthasen zu tun?«

»Im Traum habe ich meine Angsthasen kennengelernt. Sie verkörpern meine Ängste und sind der Grund, warum ich seit einigen Monaten nicht mehr gut schlafen kann. Aber ich habe in diesem Traum auch erfahren, wie ich meine Ängste beruhigen und mich mit ihnen auseinandersetzen kann.«

Stefan sah mich ungläubig an. »Interessant. Du bist wirklich immer wieder für eine Überraschung gut.«

»Seit wann empfindest du so, wie du es eben beschrieben hast?«, fragte ich ihn.

Er zuckte mit den Schultern. »Ich weiß es nicht. Es hat sich mit der Zeit aufgebaut. Je mehr du dich über mich beschwert hast, desto weniger hatte ich Lust, Zeit mit dir zu verbringen. Irgendwann habe ich mich von dir überhaupt nicht mehr wahrgenommen gefühlt, geschweige denn geliebt.«

»In seinem Ärger und seiner Wut ist er gerade sehr ungerecht«, dachte ich, und wieder fühlte ich Tränen in mir aufsteigen. Er war so schonungslos, so brutal ehrlich, dass ich es kaum ertragen konnte.

Schon wollte ich zu meiner Verteidigung ansetzen, wollte ihm vorhalten, dass er unrecht hatte, dass er verletzend und übers Ziel hinausgeschossen war, aber dann besann ich mich eines Besseren und schwieg. Wenn ich ehrlich war, konnte ich ihn sogar ein bisschen verstehen.

Der Traum hatte meine Welt weiter werden lassen und mir den Tunnelblick genommen. Ich spürte, dass ich nun großzügiger denken konnte. Ich war bereit, andere Meinungen, Standpunkte und Ansichten nicht nur zu hören, sondern auch zu respektieren.

»Es ist seine Wahrheit, Jule. So, wie er es beschreibt, empfindet er die Situation. Wenn du mit deiner Selbstliebe verbunden bist, kannst du dem anderen seine Meinung lassen und sie respektieren.« Es war Cupidos und damit meine innere Stimme, die da leise, aber klar und deutlich zu mir sprach.

Ich erinnerte mich an meinen Garten der Liebe, an Tilda und an meine Mutter. Ich hatte auf meiner Reise zu mir und meiner Liebe zurückgefunden. Daher musste ich nun keine Angst haben, Fehler zu machen oder die Wahrheit nicht zu ertragen. Ich stand zu mir und konnte mich annehmen, wie ich war.

Und ich war in der Lage, Stefans Empfindungen anzunehmen und zu respektieren. »Ich verstehe dich, Stefan.«

Überrascht merkte er auf. »Du verstehst mich?« In seinen Augen sah ich sein Misstrauen. Offenbar rechnete er damit, von mir nun doch noch die üblichen Vorwürfe zu hören.

Aber nichts dergleichen geschah.

»Ja, ich verstehe dich«, wiederholte ich.

»Ja, und jetzt?«, fragte er hilflos.

»Machen wir eine kleine Pause?«, schlug ich vor. »Wenn du willst, kannst du ja jetzt eine Runde mit dem Rad drehen.«

Ich betrachtete den Garten. Es gab einiges zu tun. »Ich werde mich in der Zwischenzeit um den Garten kümmern.« Mein Blick fiel auf die lila Rose, die im Traum meine Liebe zu Stefan symbolisiert hatte. »Ich muss die Rosen schneiden und düngen. Das habe ich schon lange nicht mehr gemacht. Und danach reden wir weiter, okay?«

Stefan wirkte überrascht. »Ja. Einverstanden. Wahrscheinlich ist das eine sehr gute Idee.«

Ich duschte und schlüpfte in ein bequemes Sommerkleid. Den Hühnergott legte ich gemeinsam mit dem Zettel auf meinen Nachttisch. Zur Erinnerung, dass ich meinen Ängsten und der Schlaflosigkeit nicht hilflos ausgeliefert war.

Anschließend ging ich wieder hinaus. Die Mittagssonne wärmte meine Haut, ich spürte ein angenehmes Kribbeln. Ich sah den Garten mit völlig anderen Augen. Er war mir in den letzten Jahren mehr und mehr zur Last geworden, und ich hatte gar nicht wahrgenommen, wie schön er war. Nun staunte ich über die Farbenpracht. Da war ein Summen und Schwirren von Bienen und Hummeln, das Flattern unzähliger Schmetterlinge, die sich an den bunten Blumen labten. Wie das Leben dort pulsierte!

Ich begann, die verwelkten Blüten der Minerva abzuschneiden und ihre Erde mit Rosendünger anzureichern. Dabei stieg mir Minervas betörender Duft in die Nase. Ich setzte mich neben sie ins Gras und genoss den Moment.

Ich dachte erneut an meinen Traum. Er war ein Geschenk. Er hatte die Tür zu einer verborgenen Welt in mir geöffnet, sodass ich Mut schöpfen konnte, um mein Leben neu zu ordnen und zu ändern.

Und ich hatte tatsächlich sofort damit angefangen. Darüber war ich glücklich und dankbar. Ich hatte es geschafft, Stefan aufmerksam zuzuhören, und versucht, ihn wirklich zu verstehen. Dadurch hatte das Gespräch eine neue Richtung genommen, statt den alten Routinen zu folgen.

Stefan blieb lange weg, aber das versetzte mich nicht in Sorge, so wie es das früher vielleicht getan hätte. Ich vertraute darauf, den richtigen ersten Schritt getan zu haben.

Als er zurückkam, wirkte er zwar nachdenklich, aber auch zufrieden und ausgeglichen. Die Radtour hatte ihm gutgetan.

Er winkte mir von der Terrasse aus zu. »Ich springe nur kurz unter die Dusche, dann komme ich zu dir raus.«

Ich stutzte. Er schien nicht nur zufrieden und ausgeglichen, sondern auch überraschend gut gelaunt.

Wenig später kam er frisch geduscht und mit zwei Gläsern Limonade in den Garten. Er setzte sich neben mich ins Gras.

Wir saßen ein paar Minuten still nebeneinander, genossen die kühle Limonade und den sommerlichen Garten. Ich hatte das Gefühl, eine fast vergessene Vertrautheit zwischen uns wahrzunehmen.

»Ich wollte dir noch sagen, dass es mir leidtut, dass ich vorhin so hart zu dir war. Ich hätte das auch anders ausdrücken können«, sagte Stefan schließlich vorsichtig.

»Die Wahrheit ist manchmal nicht angenehm, egal wie man sie ausdrückt«, erwiderte ich. »Wichtig ist, dass ich weiß, was du fühlst. Und umgekehrt. Nur so können wir etwas verändern.« Ich atmete tief durch und fügte hinzu: »Ehrlich gesagt war dein Schweigen für mich noch unerträglicher als deine Worte vorhin.«

Er nickte nachdenklich. »Was war das eigentlich für ein Traum, den du erwähnt hast?«

»Ich habe heute Nacht die Quelle meines Glücks wiedergefunden.«

»Das ist beneidenswert«, bemerkte er. »Ich glaube, so was passiert auch nicht vielen Menschen im Traum, oder?«

»Ja, vielleicht. Ich empfinde es jedenfalls als ein großes Geschenk.«

»Und was ist für dich die Quelle des Glücks?«

»Die Liebe«, antwortete ich umstandslos.

Am nächsten Tag überraschte Stefan mich mit einem Vorschlag: »Lust auf einen Spaziergang?«

Ich freute mich. »Sehr gern. Wo soll es denn hingehen?«

»Ich möchte mal wieder in dieses Waldstück, wo wir oft mit Tilda waren.«

»Und ob ich Lust dazu habe«, erwiderte ich fröhlich. »Der Traum, von dem ich dir erzählt habe, begann übrigens auch in einem Wald.«

Das Wäldchen war nicht weit von unserem Haus entfernt. Erstaunlich, dass wir es nicht viel öfter besuchten.

Die Luft war klar, und der Wind rauschte leise durch die Baumwipfel. Vögel zwitscherten, und in der Ferne hörte ich das Rufen eines Kuckucks sowie das Klopfen eines Spechts. Ein friedlicher und malerischer Nachmittag.

»Das haben wir schon lange nicht mehr gemacht«, stellte Stefan fest. »Früher waren wir so oft zusammen hier.«

»Du meinst, als Tilda noch klein war?«

»Ja.« Er nickte versonnen. »Das waren schöne Zeiten.«

Ich dachte daran, was ich in meinem Museum der Dinge erlebt hatte, und ahnte, dass nun der Zeitpunkt gekommen war, es neu einzurichten. »Tilda ist jetzt erwachsen und lebt ihr eigenes Leben. Aber es gibt auch noch uns beide. Wir könnten häufiger etwas gemeinsam unternehmen. Zu zweit. Ich würde gern wieder mehr Zeit mit dir verbringen und mit Dingen, die mir in meinem Leben wichtig sind. Seit Tilda ausgezogen ist, habe ich mich nur noch um die Arbeit gekümmert und uns beide und unsere Liebe aus den Augen verloren. Das möchte ich ändern.«

»Du erstaunst mich, Jule!«, sagte Stefan kopfschüttelnd. »Dieser Traum scheint wirklich sehr bemerkenswert gewesen zu sein. Wirst du mir eines Tages erzählen, was du in dieser Nacht alles erlebt hast?«

»Ja, warum nicht?«, antwortete ich lächelnd. »Unter anderem hat er mein Vertrauen in uns bestärkt. Ich glaube daran, dass wir beide an unsere glücklichen Zeiten anknüpfen können. Vielleicht müssen wir uns neu kennenlernen und einen neuen Weg in unser gemeinsames Glück finden. Es wird anders sein als früher, das habe ich inzwischen begriffen. Aber es ist noch alles da, was wir brauchen, um unser Glück neu zum Blühen zu bringen. Vorausgesetzt, du möchtest das auch.«

Ich war völlig überrascht, als Stefan seinen Arm um mich legte. Ich spürte die Wärme seines Körpers und den Hauch der fast vergessenen Zärtlichkeit. Ewigkeiten war es her. Mein Herz klopfte, und ich erinnerte mich an den Anfang meiner Reise, als Cupido zu mir gesagt hatte: »Alles, was du im Herzen trägst, wirst du niemals verlieren.«

In diesem Moment begriff ich, was er mir damit hatte sagen wollen.

»Ich habe gedacht, dass du mich nicht mehr liebst, weil du nur noch genervt und abweisend warst«, sagte Stefan leise. »Ich bin froh, dass es anders ist.«

Um uns herum tanzten Hunderte der farbenprächtigsten Schmetterlinge. Sie umhüllten uns in einer bunten Wolke.

Wir setzten uns ans Ufer des Bachlaufes.

»Was würdest du denn gern unternehmen?«, fragte Stefan.

»Ich möchte mal wieder einen Tag mit dir am See verbringen. Paddeln, schwimmen gehen, picknicken … Und du?«

»Ich möchte, dass wir eine gemeinsame Radtour machen, irgendwo einkehren und es uns einfach gut gehen lassen«, antwortete er.

»Fein. Und lass uns einen Abend in der Woche zu unserem machen. Wir kochen zusammen oder gehen ins Kino. Ich habe mir auch überlegt, dass ich abends wieder früher nach Hause kommen werde. Es gibt einige Filme, die ich gern sehen möchte. Vielleicht ja mit dir?«

»Bin dabei«, sagte er und lächelte mich an.

Auch die folgende Arbeitswoche war voller Überraschungen. Ich begriff, dass es mir sehr viel Druck nahm, wenn ich die Hilfe meiner jungen Kollegin nicht als Gefahr, sondern als Chance betrachtete. Und je öfter ich das tat, desto entspannter wurde unser Verhältnis. Ich erkannte, dass es ihr nicht darum ging, mich auszubooten. Sie wollte nur zeigen, was in ihr steckte. Als ich ihre Qualitäten anerkannte, schien uns das beiden eine Last von den Schultern zu nehmen.

Und als sie mich dann dazu ermutigte, einen halben Tag freizunehmen, haderte ich nicht lange mit mir, sondern nahm ihre Unterstützung dankbar an und nutzte die Zeit, um einen Pilates-Schnupperkurs zu absolvieren. Die Bergwanderung mit Tilda war mir nicht mehr aus dem Kopf gegangen. Mein Körper sehnte sich nach Bewegung, und die wollte ich ihm verschaffen. Ich beschloss, demnächst auch Tai-Chi und Yoga auszuprobieren, um herauszufinden, was mir am meisten Spaß machte.

Das Wochenende kam und mit ihm eine Verabredung

mit Stefan, auf die ich mich sehr freute. Wir hatten uns ein Picknick im eigenen Garten überlegt. Mit Rosé und Fingerfood setzten wir uns auf eine Decke unter den Kirschbaum. Wir plauderten, schwelgten in Erinnerungen, schmiedeten Pläne, und mit einem Mal war die Flasche leer.

»Ich hole uns noch eine Flasche«, sagte Stefan. »Bleiben wir beim Rosé?«

Wie aufmerksam er war. »Gern«, antwortete ich.

Er verschwand und kam kurz danach nicht nur mit einer neuen Flasche Wein zurück, sondern auch mit unserem alten Plattenspieler. Ich traute meinen Augen kaum.

»Sieh mal, was ich im Keller zufällig gefunden habe«, rief er sichtlich erfreut.

»Das ist ja beinahe magisch. Den habe ich in meinem Traum gesehen«, bemerkte ich verdutzt.

»Keine Ahnung, warum er mir ausgerechnet heute aufgefallen ist«, sagte Stefan. Er ging zur Terrasse zurück, schloss das alte Gerät an und legte eine Platte auf. Und tatsächlich, es funktionierte noch.

»Chan Chan« vom *Buena Vista Social Club* erklang.

Charmant zog Stefan mich an sich und tanzte mit mir. Wir schwebten durch meinen Garten der Liebe, und es war einfach wundervoll.

Die Welt drehte sich, und wir vergaßen alles um uns herum. Ein Tanz folgte dem nächsten, bis wir wieder glücklich und erschöpft auf der Decke landeten. Ich hatte mich schon ewig nicht mehr so lebendig gefühlt.

Stefan war ein guter Tänzer. Wir hatten uns sogar beim Tanzen kennengelernt, und ich hatte diese Leidenschaft immer an ihm geliebt. Fast ebenso passioniert hatte er damals Schallplatten gesammelt.

Er sah mich an und lachte. »Was ist? Woran denkst du gerade?«

»An nichts. Ich hatte nur ganz vergessen, wie spontan und lustig wir beide sein können. Ich fühle mich gerade, als wäre ich zwanzig.«

»Ich mich auch.« Er grinste. »Und ich hatte ganz vergessen, dass du so ein südamerikanisches Temperament hast.«

Wir lagen auf der Decke, blickten in den Abendhimmel und lauschten der Musik, während langsam die Nacht hereinbrach.

»Hoffentlich kannst du jetzt wieder besser schlafen«, sagte er plötzlich.

Ich nickte. »Das hoffe ich auch. Bemerkst du es denn, wenn ich nachts wach liege?

»Natürlich. Ich wusste nur nie, wie ich dir in diesen Nächten helfen konnte. Und ehrlich gesagt habe ich auch nicht die richtigen Worte gefunden, dich darauf anzusprechen.«

Ich schwieg und sah die Sterne am Himmel leuchten. Die laue Sommernacht verlockte mich dazu, mein Bett draußen aufzuschlagen. Ich wollte nicht zurück ins Haus, so zufrieden und beschützt fühlte ich mich unter dem Himmelszelt.

»Ich glaube, ich werde heute Nacht draußen schlafen«, verkündete ich. »Weißt du, manchmal hat man hier tolle Träume.« Ich lächelte müde.

»Okay«, sagte Stefan, und nach einer kurzen Pause fügte er hinzu: »Was dagegen, wenn ich bei dir bleibe, Jule?«

Er nahm meine Hand, und in genau diesem Moment fiel eine Sternschnuppe vom Himmel.

»Hast du das gesehen?«, fragte Stefan. »Wir dürfen uns was wünschen.«

»Danke, aber ich bin gerade wunschlos glücklich«, erwiderte ich, legte meinen Kopf an seine Schulter und schloss die Augen.

»Das Glück der kleinen Dinge«, murmelte ich schlaftrunken und hielt seine Hand ganz fest.

»Was hast du gesagt?«

»Nichts«, antwortete ich und dachte: »Es ist ein Anfang.«

NACHWORT

Wenn ich heute in schwierige Situationen komme, erinnere ich mich an meinen Traum. Ich habe kein Allheilmittel gefunden, aber viele Werkzeuge, die mir dabei helfen, jederzeit selbstbestimmt zu handeln. Ich sehe vieles, was mir im Leben begegnet, mit anderen Augen. Meine Haltung und meine Perspektive haben sich nachhaltig verändert.

Ich bin nicht mehr das Opfer meiner Umstände und Gefühle, ich bin die Steuerfrau meines Lebens geworden. Vielleicht achte ich jetzt viel mehr darauf, was ich will und was ich wirklich brauche.

Die schlaflosen Nächte und die vielen anderen Beschwerden, die der Kreislauf des Lebens mit sich bringt, sind nicht einfach verschwunden - nein. Ich kann aber besser damit umgehen. Denn wie meine Großmutter Pepe sagte, es geht darum, den Prozess des Alterns als einen Teil vom Kreislauf des Lebens anzunehmen. Das Älterwerden ist auch ein Geschenk, das mich wachsen lässt und klüger macht, sofern ich mich der Wahrheit stelle.

Mein Museum der Dinge habe ich Stück für Stück umgeräumt. Dafür brauchte ich Zeit. Ich habe mit meiner Beziehung zu Stefan angefangen und mir dann eine Skizze gemacht, um mir einen Überblick zu verschaffen – über alle wichtigen Dinge in meinem Leben. Damit sie den Platz bekommen, den sie verdienen. Diese Skizze versuche ich nun umzusetzen, was immer wieder eine Herausforderung ist. Von Zeit zu Zeit überprüfe ich, inwieweit mein Leben und meine Wünsche ihr entsprechen. Ich überlege sogar, ob ich einen lang gehegten Wunsch in die Tat umsetzen und beruflich einen neuen Weg einschlagen soll. Ich wollte im Job schon immer mehr mit Menschen zu tun haben. Wenn ich mich dazu nicht entschließen kann, sollte ich meine Haltung gegenüber meiner jetzigen Arbeit ändern, weil sie mich sonst unglücklich macht.

Stefan und ich haben einen Anfang gemacht. Wir achten darauf, so gut es geht, auch im Alltag miteinander Zeit zu verbringen. Wir setzen unsere Freizeitpläne um und unternehmen viel. Und wenn wir uns streiten, bemühen wir uns, dem anderen zuzuhören und ihn zu verstehen. Das ist wichtiger, als selbst vom anderen verstanden zu werden. Diese Streitkultur erfordert allerdings Geduld und Übung. Es wird also noch ein langer Weg sein.

An Tagen, an denen ich mich sorgenvoll fühle, konzentriere ich mich auf die kleinen Dinge, die mir Freude machen, und lasse dabei in der Vorstellung die Schmetterlinge um mich herum in den schönsten Farben tanzen. Dann atme ich tief ein und fühle die Freude in mir.

Wenn ich traurig bin, lasse ich meine Traurigkeit zu. Ich halte meine Gefühle nicht mehr fest, nur so können sie weiterziehen. Der Traurigkeit folgt immer die Freude und umgekehrt. Denn von meinem Schmetterlingsforscher habe ich gelernt: Gefühle sind Energien, sie kommen und gehen. Sie sind wie der Wind unter den Schmetterlingsflügeln.

Meine Angsthasen sind natürlich immer da und passen auf mich auf, das weiß ich jetzt. Ich brauche keine Angst mehr vor der Angst zu haben. Ich höre den Angsthasen zu, achte darauf, was sie mir zu sagen haben, und überprüfe, ob sie mich warnen oder auf etwas aufmerksam machen wollen. Aber ich sorge auch dafür, dass sie nicht panisch werden. Ich streichle sie und rede mit ihnen. So dienen sie mir zum Schutz und hindern mich nicht daran, das Leben so zu leben, wie ich es will, und mein bestes Leben immer wieder neu zu finden.

Jeden Tag konzentriere ich mich darauf, meinen Garten der Liebe zu pflegen und zum Blühen zu bringen. Ich nehme mich an, wie ich bin, und wenn ich Fehler mache, dann darf ich sie mir auch verzeihen.

Begegne ich im Wald einem Specht, spüre ich eine Vertrautheit. Sein rotes Köpfchen wird mich immer an meinen klugen Begleiter Cupido erinnern und daran, auf die leise Stimme in mir zu horchen und ihr zu folgen: *Beruhige deine Angsthasen, zertrümmere deine schlechten Glaubenssätze und entscheide, welche Dinge dir im Leben wirklich wichtig sind. Und nun: Lass die Schmetterlinge tanzen und den Garten deiner Liebe blühen!*

Jede Nacht und jeden Tag bin ich dankbar für das, was ich habe, und dadurch stelle ich fest, dass ich auf der Sonnenseite des Lebens stehe.

DER START IN MEIN BESTES LEBEN

– die ersten 7 Schritte

* Ich lasse jeden Tag meine Schmetterlinge in den schönsten Farben um mich herumflattern und sorge schon beim Aufstehen für gute Gedanken und schöne Gefühle, die mir den Start in den Tag erleichtern. Und falls sich ein Gefühl des Unmuts einschleicht, egal wo, stelle ich mir vor, dass tausend bunte Schmetterlinge um mich herumtanzen.

* Ich beruhige in Gedanken meine Angsthasen. Ich streichle sie liebevoll: Alles wird gut. Ich hinterfrage meine Ängste und prüfe sie. Was wollen sie mir sagen? Wovor habe ich wirklich Angst? Ist diese Angst berechtigt? Falls nein, schicke ich sie weg. Falls ja, frage ich mich, wovor die Angst mich beschützen will. Worauf will sie mich hinweisen? Wovor warnen? Wie viel Raum gebe ich ihr?

- ✶ Ich richte mein Museum der Dinge immer wieder neu ein: Was ist mir in meinem Leben wichtig? Entscheide und ordne alles entsprechend.

- ✶ Ich zertrümmere meine negativen Glaubenssätze und ersetze sie durch positive und mich stärkende Leitsätze. So verändern sich auch meine Gefühle. Sobald ich mich anders fühle, strahle ich auch etwas anderes aus. Dadurch verändert sich mein Leben!

- ✶ Ich bringe meinen Garten der Liebe jeden Tag aufs Neue zum Blühen. Ich pflege meine Selbstliebe und nehme mich so an, wie ich bin. Was mag ich an mir? Ich pflege auch die Liebe zu anderen Menschen und mache mir immer wieder bewusst, was ich an ihnen schätze. Habe ich mir oder anderen etwas zu verzeihen?

- ✶ Halte ich meinen Zweifeln stand? Falls sie mir zu stark zusetzen, verscheuche ich meine Nagetiere aus meinem Garten der Liebe.

- ✶ Jeden Tag frage ich mich: Wofür bin ich dankbar? Die Antworten halte ich schriftlich fest.